En época como la presente, donde todo es emocional y subjetivo, con obliteración de objetividad y lógica, aparecen, aquí y allá, destellos racionales. Manuel Gayol Mecías, escritor medular, se aparta de la semifantasía de sus novelas y se adentra en magníficas especulaciones muy personales, interesado en mi obra creativa. De ahí este fascinante libro lleno de ideas.

Aurelio de la Vega

Aurelio de la Vega
Impresiones desde la distancia
Impresions from Afar

Aurelio de la Vega

IMPRESIONES DESDE LA DISTANCIA
IMPRESIONS FROM AFAR

Manuel Gayol Mecías

Con Preludio de Eduardo Lolo

EDICIÓN BILINGÜE

New York

Eastvale, California

ISBN: 9798670975650

Library of Congress Control Number: 2020914709

Diseño de portada y sello por el 95 aniversario
del Dr. De la Vega: Ángel Marrero

Fotos del poeta José Lezama Lima:
cortesía de su familia, algunas de ellas de sus nietos
Ernesto e Ileana Bustillo.

© 1981. Foto de Jorge Luis Borges: Levan Ramishvili (public domain)

Con la colaboración de Alexandria Library Publishing House
alexlib.com

Academia de la Historia de Cuba en el Exilio, Corp.
directiva@academiahce.org
P.O. BOX 521364
Flushing, NY 11352

Palabra Abierta Ediciones
Eastvale, California
www.palabrabierta.com/mu.gayol3@gmail.com

En honor por el 95 aniversario del Maestro

Aurelio de la Vega

Agradecimientos

En primera instancia, al Dr. Aurelio de la Vega por la aprobación de mi libro y su magnífica traducción de mis textos. Asimismo, a su esposa Anne Marie Ketchum por la revisión, ajuste y mecanografía de los escritos en inglés.

De la misma manera agradezco el excelente "Preludio" del Dr. Eduardo Lolo, Presidente de la Academia de Historia de Cuba en el Exilio. Y su reconocimiento a este libro.

Igualmente, al diseñador y pintor Ángel Marrero por la confección de las bellas cubierta y contracubierta del libro, así como por la ilustración artística del sello en saludo al 95 aniversario del Dr. Aurelio de la Vega.

A mi amiga la Dra. Ivette Fuentes de la Paz porque con ella he aprendido muchas excelentes cosas literarias que, supongo, se encuentran en este libro.

A los hermanos Ernesto e Ileana Bustillo por su interés en el libro y la cortesía con que me facilitaron algunas fotos de su tío-abuelo José Lezama Lima.

CONTENID⊕

Aurelio revisando una de sus partituras.
La Habana, Cuba, 1944.

Gracias por la música,
misteriosa forma del tiempo

Jorge Luis Borges.

Preludio

por Eduardo Lolo

SEGÚN el conocido texto bíblico, en un principio fue el verbo y el verbo estaba en Él. De haber sido así, también podría decirse que en un principio fue la música, pues el verbo es palabra y toda palabra se expresa mediante tono, ritmo, cadencia; mensaje sonoro que en su propia condición emitimos y recibimos musicalmente. Y como Él —según la misma fuente—, nos hizo a su imagen y semejanza, todos nos expresamos también con música, desde el grave gruñido amenazador de un hombre de las cavernas a los versos en arpegios agudos de una actual soprano de coloratura.

Incluso una misma palabra muta o contradice su significado original de acuerdo con la intención del hablante, expresada mediante sus cambios de entonación y volumen; que es decir sus variaciones melódicas. Hasta en un idioma en especial se aprecian destacadas diferencias musicales: por ejemplo, no es ni siquiera parecido el sonido del español en un argentino que en un mexicano. En dirección contraria, es de destacar que la música *per se*, en su condición de vehículo de sentimientos, sueños y pesadillas, es también palabra, aunque inefable y sin atadura idiomática alguna.

La relación palabra-música no es, sin embargo, la única que puede identificarse artísticamente. Porque es el caso que las artes nunca andan solas, pues si bien es cierto que su creación suele estar circunscrita a una disciplina e, incluso, hasta a un género en especial, la recepción artística tiende a ser interdisciplinaria. En realidad, todo autor es, antes que creador, un recipiente activo de arte. La acción creadora no es más que el reflujo del arte recibido —de todo el arte—, de regreso en una forma personal, de acuerdo con la vocación y las aptitudes del artista.

El fenómeno que da vida a lo expuesto en el párrafo anterior es bien simple: el arte entra en el pecho del creador a borbotones; luego, sale a cuentagotas. Sin ese torrente múltiple de palabras, colores y melodías de entrada, poco o nada podría destilar el arte después en su salida. Así, en los trazos de los pintores hay música y vocablos a manera de substrato; en los versos de los poetas, sonidos armoniosos e imágenes cromáticas; en el encanto sólido de una escultura, frágiles destellos de luz, ecos de una siempre nueva sinfonía, y hasta susurros de locuciones emergiendo del metal o la roca liberada. Detrás de un verso puede estar agazapada una ópera a manera de génesis, o viceversa, pues del manantial creativo del artista pueden emerger, a partir de las fuentes instiladas, variantes disímiles en forma, pero semejantes en su contenido en tanto que "respuestas" a raíces similares. El alma del creador no es más que fragua de artes todas, aunque su producto emerja únicamente a través de una especialidad en particular. ¿Acaso para la existencia de un grano de arena no se necesita como condición previa la del universo?

El presente libro del ensayista, novelista y poeta Manuel Gayol Mecías comienza con cuatro ensayos sobre la obra del compositor Aurelio de la Vega, quien es para Gayol una figura creativa caleidoscópica que abarca música, pintura y literatura. El escritor hace énfasis en la importancia que tiene De la Vega dentro del canon de la música cubana, así como su espiritual y casi metafísico espectro musical, que Gayol trata de modo fascinante en su tercer ensayo al establecer, según sus interpretaciones y análisis, una original relación entre De la Vega y Pitágoras, pasando por el "platonismo" de la "música de las esferas". El último y cuarto ensayo del libro —el más extendido de todos— establece un novedoso e históricamente necesario paralelo entre José Lezama Lima y Aurelio de la Vega, observando cómo se entrelazan las obras de ambos creadores y puntualizando lo que es común y distinto entre ellos. Los dos compartieron un mismo entorno epocal y fueron desfigurados durante mucho tiempo —por obra y (des)gracia del longevo totalitarismo castrista—, a la condición de "no-persona": el primero, en el "insilio"; el segundo, vistiendo los ropajes siempre raídos de historia del destierro. La innovación fue la constante en ambos, tal como la misma Isla en tanto que cultura de síncresis de lenguas y razas varias, "aplatanadas" por efectos del sol de arrebato y el mar de gemas relucientes. En el ensayo de Gayol se mezclan los versos neobarrocos con música serial dodecafónica; Lezama y De la Vega tomados de la mano, fundidos en el arte. Ambos representan la cultura nacional cubana sedienta de universalidad, en viaje sin escalas del terruño al universo.

Pero hay más: en esta obra la dicotomía asume ropajes de viejos y nuevos colores: su bilingüismo lleva su música a idiomas y oídos diferentes, en tanto que su confección se logra bajo el sello de dos casas hermanadas por primera vez: Palabra Abierta Ediciones y la Editorial de la Academia de la Historia en el Exilio, Corp. Tanto Gayol como De la Vega, así como Ángel Marrero (el diseñador gráfico del libro) son miembros numerarios de la entidad, a resultas de lo cual como que emerge abierta la Academia e histórica la Palabra.

Sin embargo, ahí no se detiene la diversidad que quiero destacar como elemento fundamental de esta pieza. A ritmos semejantes que le dan unidad, van juicios nacidos del celuloide —como en una especie de aporte ekfrástico—, en la sección dedicada al documental de Camilo Vila sobre Aurelio de la Vega *(Aurelio: Rebel with a Cause)*, mientras que en otra partitura (quise decir: a la vuelta de un recodo melodioso de páginas) Gayol acude a lo mejor del periodismo para brindarnos una entrevista de tan profundas respuestas como preguntas. Y aunque ensayo, reseña fílmica y entrevista vienen cabalgando palabras, no pueden ocultar una armoniosa esencia sonora. De ahí que yo no haya calificado estos breves párrafos introductorios como "Prefacio", sino que decidí utilizar el término "Preludio", por considerarlo más congruente con la atmósfera musical que permea la obra en su conjunto. Le sigue, como se comprobará a continuación, toda una sinfonía a escuchar con alma y pensamiento imbricados.

Y hasta aquí mis compases de obertura en vocablos. No detengo más al anheloso lector y termino —por considerarlos vigentes— con unos juicios que hace tiempo hube de escribir para el programa de uno de los conciertos de Aurelio de la Vega. Dije entonces y ahora reafirmo:

La cultura cubana siempre ha sido un concierto de angustias a dos voces en contrapunto: una parte en la Isla, sobreviviendo combativa la asfixia de la colonia o el totalitarismo, y otra en el exilio, soñando amaneceres. Al final de cada época histórica, una vez aire y luz reconquistados, lo mejor de los componentes del angustioso ente dicotómico se unen para dar lugar al legado del pueblo cubano con un excelso canto atemporal. Solamente unos pocos son capaces de ver la permanencia de sus nombres, inmunes al paso del tiempo, formando parte de ese codicilo. Aurelio de la Vega es uno de ellos. Su música es cubana por dos razones: porque acepta agradecida la herencia cultural recibida, y porque prevé el futuro musical de la cubanía, rebasando sus propias fronteras. En realidad, independiente de su irrefutable éxito actual, las composiciones de este gran creador reciben hoy los aplausos de pasado mañana. Es una música de futuro visitando el presente, permitiéndonos un anticipo de lo por venir en esa mezcla de tiempos y aleteos de almas que es el arte cubano en general y el de Aurelio de la Vega en particular. Gracias a artistas como él, los cubanos del exilio de hoy en día nos percatamos con regocijo que solamente el aire y la luz de Cuba nos faltan. Pues ya tenemos el canto.

Nueva York, primavera de 2019.

Northridge, California. Octubre de 1963. Aurelio
en el Laboratorio de Música Electrónica
del San Fernando Valley State
College, creado por él.

Prólogo

(UN CREADOR INFINITO)

Cuando yo vivía en Cuba, y me encontraba asediado por la falta de todo tipo de libertades, alguna que otra vez llegaron a mis oídos —de manera escurridiza y en ese murmullo secreto del medio cultural cubano— el nombre de Aurelio de la Vega (La Habana, 1925) y la noticia de importantes premios suyos alcanzados en el exterior.

Recuerdo que en aquella época de los años 80 se hablaba, entre telones, de un compositor de música clásica, pantonal y serial, y de composiciones aleatorias o música del azar, que había preferido radicarse en los Estados Unidos de América antes de seguir padeciendo el nacionalismo, la mediocridad total y el hecho de tener que correr el riesgo de la represión de una dictadura comunista. Y en efecto, después de su salida de Cuba, esa dictadura censuró la música de Aurelio de la Vega durante más de 55 años, y aún en la actualidad oprime a los cubanos.

Hoy en día puedo decir que entre las cosas importantes que me han sucedido durante mi exilio en los Estados Unidos se encuentra el hecho de haber conocido al Dr. Aurelio de la Vega[1].

---

1. En el año de 1995 le conocí personalmente. Fue una noche de tertulia intensa con algunos buenos amigos, en casa del pintor y diseñador Ángel Marrero, puesto que yo estaba recién llegado a Estados Unidos, desde España, y nuevos amigos me rodeaban esa vez deseosos de saber mis impresiones sobre Cuba.

Su amistad ha sido de gran aliciente en el orden humano, cultural y creativo, ya que en cada uno de mis encuentros con él he podido constatar un profundo sentido ético-estético de su palabra en relación con la literatura y el arte, y en específico con sus propias realizaciones musicales. Escucharlas en vivo, en discos y en la internet ha constituido un verdadero placer de emociones interiores, en cuyos sonidos se despliegan y desdoblan los sentimientos que antes podían haber estado inermes y ocultos. Sus composiciones vivifican el concepto de que las cosas y los sonidos tienen humanidad, porque en esencia yacen dentro de nosotros mismos, en la espera de un receptivo momento excepcional. Esta es una de las grandes connotaciones de la música de nuestro creador: dar vida sonora a los sentimientos, a los valores íntimos en las relaciones de los seres

Recuerdo que me encontraba yo hablando de la revista *Vivarium*, que nucleaba a un grupo de escritores y científicos que nos reuníamos en el Arzobispado de La Habana, y explicaba que en aquel tiempo le habíamos dado lugar en Cuba a la primera publicación cultural alternativa en relación con el Gobierno, cuando sorpresivamente este gran compositor de música culta, Aurelio de la Vega, irrumpió en nuestra reunión.

La presencia de Aurelio fue inesperada para mi esposa Gladys y para mí, pues no sabíamos que Ángel le había invitado a nuestra visita con el propósito de conocernos. Y lo primero que apreciamos fue su alta figura de profesor solemne, como de rasgos nórdicos, que más bien parecía intimidar no solo por su obra musical, sino además por tener la fama de ser un académico de vasta cultura. Sin embargo, la forma en que nos saludó e intercambió algunas primeras palabras, nos reflejó de inmediato un trato afable y cortés, y un interés por saber acerca de lo que pasaba en Cuba. Al hablar de la Isla se le escapaba un tanto de fervor, y en algunos momentos su rostro se iluminaba, en otros, en realidad, encontrábamos cierto tono de tristeza que de pronto se convertía en reproche al sistema imperante en la Isla, cercano en aquel tiempo a los cuarenta años de existencia y de opresión al pueblo cubano.

Su voz era recia, pero en determinadas frases se hacía suave y diáfana, y nos hizo una concisa descripción de su época como compositor y profesor de la Universidad de Oriente, en Santiago de Cuba. Esa noche fue el principio de una larga amistad.

humanos con el mundo, a través de la pasión y la inteligencia.

Siempre he creído que su invención; quiero decir, la disposición de Aurelio para develar su propio mundo, es cósmica; una espiral que le gira en la mente a modo de una resonancia de lenguaje que hasta puede sustanciarse en formas, colores y poemas. Y es aquí, en el sentido de la literatura y, en lo particular, de la buena poesía, que siempre he creído —y ya lo hemos conversado en varias ocasiones— que Aurelio de la Vega ha estado cercano al grupo Orígenes, al menos a su trascendencia, y de ahí viene que tenga ciertamente un paralelismo con el poeta José Lezama Lima, ante todo, en esa insistencia vehemente de ambos por renovar la música y la literatura. Alguna vez Lezama comentó con otro compositor, poeta y también amigo, Reynaldo Fernández Pavón, que "el compositor Aurelio de la Vega era afín al grupo Orígenes".

Por otra parte, y en cuanto a la percepción de su música, citaré —por una cuestión de espacio— solo dos largos instantes de composiciones suyas que pudieran dar la idea de ese enorme caudal creativo que se acumula en el conjunto de sus obras; verdaderas creaciones realizadas para dar una vida sonora a la belleza, a los delirios y al frenesí, a la gran imaginación y al intelecto.

Una es entonces *La fuente infinita* (1944), con la soprano Shana Blake y al piano Victoria Kirsch, en poemas de Francisco Zamora ("Se ama más de una vez", "El verdadero amor" e "Invocación"), en la que se combinan la suavidad y la ternura con la belleza de la voz y el rostro de la soprano sobre un piano que fluye como leves olas de un mar sublime; acordes para la placidez, voz para el amor de un alma extraordinaria y notas que se deslizan en altos y bajos acordes. La revelación que brota de la fuente nos hace advertir la belleza del amor.

Muy bien podemos sentir asimismo en la *Leyenda del Ariel criollo* (1953), para *cello* y piano (que obtuvo el Premio Virginia Colliers, 1954), otro de los ejemplos en los que el autor va marcando un paso como de inflexión, de búsqueda de algo oculto, que quiere surgir pero que al mismo tiempo nuestro creador siente el alma indefensa ante la tosquedad del entorno cubano. Hay combinaciones entre matices de rojo y azul que tiemblan tenuemente y se deslizan en espacios largos, saltos como en puntas de pies hasta que el alma danzante asoma su rostro de grandes ojeras oscuras y ojos asustados, y observa, con mucho cuidado, el ámbito de la Isla; entonces el pecho del danzante se inquieta y asombra, porque sabe que todo escapa de sus manos y hace gestos con ellas para dibujar una tristeza invisible pero latente, une melancolía y pesadumbre, aflicción y quebranto con inusitados *crescendos*, despaciosos, *rallentato crescendos*, para terminar (el alma danzante) cubriéndose el rostro y beber así sus propias lágrimas de impotencia y dolor[2]

Nuestro creador ha cumplido muchos aniversarios en plena madurez creativa y hoy en día —mientras se escribe este libro— atesora una riqueza extraordinaria de conocimiento y pasión. En todos los años que le he tratado, no he visto en él un síntoma de desaliento ni debilidad, aunque sí de tristeza al hablar de su Isla de Cuba, un país que en la historia de esa cultura secreta que descubrió María Zambrano le reserva un lugar de honor, pero que hasta hoy se lo han negado.

Ha sido un tiempo de ocultación temerosa cuando el régimen ha creído desterrar su música y presencia, pero ha sido solo eso: un muy

---

2 Puede escucharse y verse en YouTube una hermosa interpretación de esta obra por el chelista Douglas Davis y la pianista Françoise Régnat: https://www.youtube.com/watch?v=4uAz-QyDvd4.

breve tiempo de miedo ante el Maestro si sabemos que Aurelio se ha hecho perenne, porque las cosas a su alrededor se unirán para devolver a la Isla un creador siempre renacido. Así, su voz es vital, con la fuerza de un alma joven e imperecedera. A sus cabellos del tiempo, tan blancos como la nieve, Aurelio une la mirada penetrante de un adelantado. Y ya, sentado, en su sitio del mundo, con creces y sabiduría, recuerda a Cuba entre las estrellas.

MGM

Aurelio de la Vega con el realizador Camilo Vila.
Ambos presentaron el documental *Aurelio*:
Rebel with a Cause en el Koubek
Center del Miami Dade College.
Narrado por Andy García.
Foto: Cortesía de
Henry Vargas,
Miami,

2014.

Emoción, inteligencia, rebeldía y causa en Aurelio de la Vega

DOCUMENTAL DE CAMILO VILA

*A*urelio: *Rebel with a Cause* es un excelente documental de Camilo Vila (narrado en la voz de Andy García), que muestra a un hombre histórico, todavía haciendo historia. Su música aúna todas las emociones humanas, enaltece la virtud del sentir, única manera intuitiva de fundir la inteligencia con la sensibilidad del corazón. Su música es fragua de emociones; fluye a veces en estrépitos de manos y palmadas, y en sonidos de grandiosidades lejanas. Recurre a una armonía muy íntima, remota, como de sueños ancestrales que terminan respirando en ciudades y plazas, en lejanos horizontes de crepúsculos marinos.

Así es Aurelio por dentro, como una guerra de nervios, como una paz de arpegios que se van sosegando y encuentran de pronto la combinación perfecta de un silencio. Pero ese silencio habla preparándonos para el estallido magnífico de una ansiosa quimera que comienza. Una de las características importantes de sus composiciones, a mi modo de ver, es la suma compleja de emotividades humanas; es el hecho de ser una música de emociones para emocionar, para sentir y para convertirse en sensaciones solo percibidas por la inteligencia del corazón. En resumen, es la furia y la paz de los sonidos que se hacen sentir.

En efecto, Aurelio de la Vega es un histórico compositor de música clásica todavía haciendo historia. Y es retratado en cuerpo y alma en este excelente documental de Camilo Vila que muestra una auténtica secuencia de amor con la obra, con la vida y con una Cuba profunda por parte de un hombre que ha respirado todas las emociones que pueden dar los sonidos. Su música es un reflejo fehaciente de las sensaciones y sentimientos humanos que son ordenados y proyectados mediante una inteligencia culta; y es un ejemplo de esa emotividad esencial que yace todavía escondida en la Cuba que no se conoce, una isla invisible que todavía está por descubrirse. Aurelio de la Vega es la parte oculta de una clase de cubano que nunca en la misma Isla se le ha dado a conocer con fuerza pero que siempre ha existido y existe, y que vibra en lo remoto de la historia y en el horizonte de un país que algún día —con una verdadera y universal educación— se alzará de sus cenizas para entonces ser lo que está llamado a ser: una tierra luminosa libre del odio y la envidia.

Por otra parte, el espíritu iconoclasta de Aurelio de la Vega le ha llevado siempre a mantenerse en Estados Unidos, fuera de cualquier tipo de roce con el régimen castrista. De ahí que su música estuviera censurada y no se conociera en Cuba, quizás únicamente de alguna manera clandestina, hasta el año 2012 en que se volvió a hacer mención de sus obras, y algunas de ellas pudieron ser escuchadas por primera vez por nuevos compositores y músicos amantes de lo clásico.

Figuras como Ignacio Cervantes, Laureano Fuentes, Hubert de Blanck, José White y José Manuel "Lico" Jiménez, entre otros, en el siglo antes pasado; y Amadeo Roldán, Alejandro García Caturla, Gonzalo Roig, Ernesto Lecuona y Aurelio de la Vega, por solo citar algunos nombres más ya en el siglo XX, han sabido poner (y lo han hecho con creces) el nombre de Cuba muy en alto en el panorama de la música clásica internacional.

En esto Aurelio siempre se ha ubicado como un ser altamente sensible, que ha sabido dedicarse con todo el corazón a ese modelo que se inserta en los laberintos de *La Cuba secreta* de la filósofa española María Zambrano, quien se lo expresara alguna vez al propio José Lezama Lima en un arranque de solidaridad y filiación entre seres privilegiados y origenistas, y hechizada por las cosas valederas y esenciales de la Isla. Todo esto se hace unísono aquí con el ejemplo de De la Vega, en cómo sus pasos de compositor han podido (y lo han logrado) revolucionar la música culta cubana no solo dentro de su catálogo local, sino además dentro del gran diapasón de la música clásica internacional. Ejemplaridad de Aurelio quien para la mayoría de los nativos en Cuba ha quedado oculto, o para unos pocos ha permanecido en las sombras y las brumas de la censura.

Independientemente de que después de los años 60 se haya empezado a trabajar más en Cuba este tipo de música culta — recuerdo la iniciativa de Leo Brouwer, de buscar un nuevo sonido mediante la creación del Grupo de Experimentación Sonora del ICAIC, de reconocible esfuerzo que fue más allá de la magnífica música popular—, ha sido por el afán político del populismo implantado, defendido y desarrollado por el mismo Gobierno "revolucionario", que —a pesar de que hizo su empeño por obtener un mayor desarrollo de la música culta— no insistió en que lo clásico en realidad siempre no quedara (como ha quedado) por detrás de cualquier otra iniciativa musical

Este fenómeno nos recuerda que la música en la isla, en gran medida, estaba controlada en la Cuba republicana por intereses comerciales, y en cierto clima sociopolítico actual, de unos años atrás, por un excelente grupo como Buena Vista Social Club, aun cuando ese tradicional conjunto no haya sido el único que podía representar a Cuba.

Es este tipo de circunstancia la que ha llevado a Aurelio de la Vega a no creer ni contribuir con la promoción de una figuración comercial, y más incluso, en algunos casos de hoy en día, que crearían una imagen desventajosa que tanto daño nos podría hacer como seres que también pensamos y sentimos.

Y ahora que hablo de "pensar y sentir" como un asunto de equilibrio humano, vuelvo a tocar el documental de Camilo Vila en el que Aurelio deja bien expreso —sin desdeñar la excelente música popular que existe en Cuba, repito— su preferencia por el modo culto de hacer música, composiciones las suyas que, de hecho, al mismo tiempo, sirven para proyectar las emociones y las circunstancias de cualquier ser sensible. Por su parte, la profesional y certera dirección de Vila, deja que las voces de diferentes y destacados compositores, intérpretes, pintores, investigadores y escritores hablen de la repercusión e importancia de la música de Aurelio de la Vega, como una manera más de testimoniar la fuerza y la validez peculiar de este laureado autor cubano.

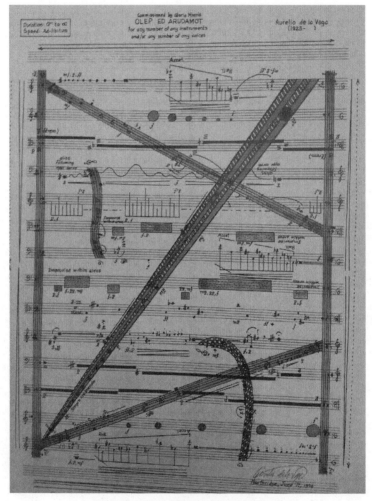

Olep ed Arudamot, para cualquier número de
instrumentos y/o voces. Northridge, 1974.

Aurelio de la Vega[1]

"LA NATURALEZA DE MI MÚSICA SOY YO MISMO"

[*Entrevista*]

Maestro, Doctor y Profesor Emérito Distinguido de la Universidad Estatal de California en Northridge, Aurelio de la Vega (La Habana, 1925), es un compositor cubano casi desconocido en su país y, sin embargo, muy destacado en el ámbito de la música clásica internacional y en particular en la de Estados Unidos, país donde reside desde 1959. Su música dodecafónica —que puede encerrar sus variantes atonales, pantonales, seriales y con elementos electrónicos— ha estado exiliada junto a él por 50 años (o quizás más) hasta que, según el *Daily News* de Los Ángeles, la prohibición de tocar y escuchar sus composiciones en Cuba supuestamente se levantó en el año 2012.

En ese mismo año, la revista de la Arquidiócesis de La Habana, *Palabra Nueva*, publicó un rotundo y amplio artículo sobre el compositor cubanoamericano, en el que Roberto Méndez, el autor, llega a confesar que pensó que De la Vega "había muerto en el olvido".

---

1 Entrevista especial concedida a la revista digital *Palabra Abierta*, el 10 de julio de 2015. Posteriormente, el 22 de octubre de ese mismo año se publicó en la mencionada publicación la versión traducida al inglés, por el propio Aurelio de la Vega.

A partir de ese artículo se cree que, muy probablemente, el trabajo de Méndez marca el renacimiento del compositor en los medios de la Isla.

Posteriormente, también en ese año Cubanow.net, revista digital oficialista del arte y la literatura cubanos, llegó a calificar a De la Vega como "cubano ilustre" y "uno de los dos compositores cubanos vivos más importantes del momento en la llamada música culta o clásica". Expresiones como esas harían pensar que, en realidad, en Cuba, "algo estaba cambiando". Sin embargo, ha pasado un buen tiempo ya de la publicación de *Palabra Nueva* y no se ha vuelto a saber detalladamente cuántas veces y en qué conciertos o funciones de música clásica en la Isla se hayan tocado sus obras[2], incluyendo su *Preludio N.º 1* —grabado en el disco *Live In LA*, editado por RYCY Productions, que fue nominado para Mejor Obra de Composición Musical Clásica Contemporánea en los Premios Grammys Latinos del año 2012.

Como contraste al silencio oficial que aún hoy rodea la música de Aurelio de la Vega en su país de origen, el compositor ha recibido numerosos galardones en ámbitos internacionales, entre los que destaca el Friedheim Award of the Kennedy Center for the Performing Arts. Asimismo, su música ha sido interpretada por las más importantes orquestas, conjuntos de cámara, solistas instrumentales, cantantes y coros de todo el orbe. Paralelamente, ha

---

2 Es necesario aclarar que, cuando se publicó esta entrevista en la revista digital *Palabra Abierta*, aún no había ocurrido el hecho extraordinario de la primera audición en la Isla de *Intrata* y del destaque del mismo acontecimiento en el periódico *Granma* (órgano oficial del Comité Central del Partido Comunista de Cuba). Sobre esta audición inusitada en la sala Covarrubias, del Teatro Nacional de La Habana, expongo los detalles, más adelante, después del trabajo en el que realizo un paralelo entre las figuras de José Lezama Lima y Aurelio de la Vega.

impartido conferencias y cursos sobre música contemporánea en Estados Unidos y en numerosos países de América Latina y Europa.

De la Vega practicó desde temprano las variantes de la música dodecafónica, la cual fue establecida por Arnold Schönberg en 1921. Nuestro compositor se convirtió así en uno de los grandes exponentes de este tipo de música en la que ha sabido dominar con sobrada inteligencia las estructuras atonales, además de expresar en la escritura de sus partituras —como es el caso de su obra *El laberinto mágico*— un bello trazado de pentagramas, otorgándole asimismo a sus compases de sostenidos y bemoles un exquisito y fuerte conjunto de emociones. En sus composiciones hay una combinación de inteligencia y alma que expresa los diferentes estados sentimentales del ser humano —toda una gran gama de sonidos de humana universalidad. En general, puede decirse que su música es capaz de estremecer el auditorio al llevarlo a estados abstractos, incluso, de sublime serenidad, además de tristeza o placidez, así como a grandes momentos de pasión y grandiosidad.

Pero otra de las características de la personalidad de Aurelio de la Vega es que supo ser diferente a todo lo que se había hecho en Cuba, hasta mediados del pasado siglo, en cuanto a música clásica. Y lo más extraordinario es que quiso salirse del nacionalismo musical que en su momento había prevalecido en la Isla, y lo logró sin desvirtuar en ningún momento sus raíces que vienen de Cuba. Cómo llegar entonces a una fórmula tan intrépida y misteriosa, que mezcla un sentido matemático de las estructuras con un desbordamiento sonoro de lo inefable, es algo complicado de explicar. Para buscar un acercamiento a ese misterioso sentido de universalidad, solo me atrevería a dar algunas palabras claves como son: inteligencia, emoción, voluntad y rebeldía.

La revista *Palabra Abierta* tiene hoy la feliz posibilidad de ahondar un tanto más en la obra de nuestro compositor, y ofrecer así, de primera mano, sus palabras como uno de los creadores cubanoamericanos de música clásica de una extraordinaria importancia mundial:

1.- **Manuel Gayol Mecías**: *Aurelio, sé que usted ha abordado —desde una perspectiva histórico-musical en su interesante trabajo "Nacionalismo y universalismo. La música clásica cubana en la década de los cincuenta"—la distinción entre la música atonal, dodecafónica y/o serial y la música tradicional, y hasta la clásica de registro dominante tonal. No obstante, me gustaría pedirle una breve definición de esa diferencia y que hiciera énfasis, por favor, en ¿cuál pudo ser la profunda razón creativa que le hizo decidirse por este tipo de composición, tan distanciada de los gustos facilistas de las grandes muchedumbres?*

Aurelio de la Vega: En primer lugar, hagamos énfasis en que la música —la más abstracta de las artes, la más difícil de entender en sus formas de desarrollo complejo, más allá de la canción fácil con texto— es la última de las formas artísticas de expresión que aparece en cualquier cultura. A modo de recordatorio solo basta ir a la antigua Grecia, paradigma de filosofía, arquitectura o teatro, para ver que frente a sus grandes logros socioculturales que aún hoy asombran, la música, todavía monódica, se mantuvo en un nivel primitivo, utilitario y sin levantar vuelo estructural alguno. Esto se debe, entre otras cosas, al hecho de que el oído humano es el más elemental de los sentidos —poco desarrollado, por ejemplo, cuando se le compara con la vista o el olfato. A partir del Renacimiento la música, por fin, toma vuelo en la cultura occidental y, finalmente, crea su propio cosmos sonoro, despejada ya de las ataduras a la palabra y capaz de estructurar formas libres también sin sentido utilitario. O sea, música *ya de por sí*, sin funciones sacras, militares, teatrales o funerales. Ya a principios del siglo XIX la música, en sus formas más complejas y abstractas, comienza a diferenciarse de la música popular, bailable, con textos seculares para ser entendida por las grandes masas. En pleno siglo XX el cisma es total. ¿Qué hay de común entre un Cuarteto de Hindemith y un show de cabaret? Solo el sonido. Lo demás es totalmente diferente: el mensaje, la intención, el vocabulario melódico-armónico, la estructura y, sobre todo, para qué tipo de audiencia están compuestas ambas músicas. Parece que no se entiende bien que la música comercial es puro entretenimiento —de mover caderas a recordar melodías simples, de usar la música como vehículo para un romance a oírla como fondo para risas, conversaciones o comilonas.

La música atonal, dodecafónica, serial o puramente electrónica es el desarrollo, dentro del siglo XX, de dos milenios de evolución del pensamiento y creatividad del ser humano en su forma sonora. El abismo entre este tipo de música —que se afinca en lo profundo, en lo serio, en lo no utilitario, en el goce de formas complejas de la sensibilidad— y la música comercial —bailable, cantada, utilitaria, superficial, entretenida, simple— es enorme. El primer tipo de música no es un fenómeno de masas, y el número de personas capaces de entenderla y gozarla es minúsculo. A mí puede gustarme bailar, pero me conmuevo con una sinfonía de Mozart o con el *Concierto para violín y orquesta* de Stravinsky. Por el contrario, enormes cantidades de seres humanos, que se mueven constantemente y cantan a la par con canciones de un estribillo facilista o con un baile de "perreo" o el asimismo llamado "sandungueo", es difícil, aunque no imposible, que puedan entender ni disfrutar un concierto de piano de Beethoven o un poema sinfónico de Richard Strauss.

Cuando yo comencé a enfrentarme con la música como compositor, durante mis años juveniles, me encontré con que la música cubana seria (o culta, o de arte, o clásica, o como quieran llamarla), pese a los grandes y nobles empeños de un Guillermo Tomás, de un Amadeo Roldán o de un Alejandro García Caturla, estaba estancada en un nacionalismo total, enervante, limitado, con olor a gueto cultural. Las influencias provenían de España (Albéniz, Falla, los Halffter), o del mundo francés (Debussy, Ravel, Milhaud, Poulenc) o del neoclasicismo. Yo encontré asfixiante ese panorama y me acerqué de inmediato a la música centroeuropea (eje Alemania-Austria) que consideré primordial, vanguardista, fascinante y progresista. La música clásica cubana de ese momento, bajo la égida del compositor catalán José Ardévol y su *Grupo de Renovación Musical*, me parecía esquelética, poco desarrollada, exhibiendo grandes lagunas técnicas y estructurales. Yo escogí abrir las puertas al mundo musical amplio y revolucionario, en esa época representado por la Segunda Escuela Vienesa, con el trío Schönberg-Berg-Webern a la cabeza.

2.- MGM: *Desde su punto de vista, ¿cómo se asumió en Cuba, en su momento, esa modernidad internacional de este tipo de música atonal o serial?; y ¿cómo ha visto usted su trabajo creativo no sólo en el contexto cubano, sino además en el ámbito mundial?*

AdlV: En Cuba, en las décadas de 1940 y 1950, mis ideas "internacionalistas" fueron acogidas con gran desdén y hasta con hostilidad. Los poderes musicales de Ardévol y compañía me condenaron a un ostracismo casi total. Me tildaron de anticubano, de extranjerizante, de destructor de la herencia musical española-neoclásica. Hubo hasta artículos sarcásticos en la prensa, como uno de Harold Gramatges donde me tildaba de reaccionario por no abrazar la cultura afrocubana y haber ido hasta las aguas bautismales schönbergianas para limpiar mis pecados culturales. Algún día, espero, se comprenderá en Cuba lo que significó mi cruzada músico-cultural que, curiosamente, tuvo ecos positivos en la generación postardevoliana. Así, vemos que un Leo Brouwer, un Carlos Fariñas o el propio Gramatges cambian rumbo y adoptan los procedimientos postschönbergianos: formas abiertas, serialismo, elementos electrónicos y una nueva grafología musical.

3.- MGM: *Sé que su segunda devoción es la pintura, según usted lo ha dicho en algún momento; y es cierto también que de alguna manera las artes y la literatura misma se relacionan de diferentes modos con su música. De hecho, la música y la pintura quizás sean dos maneras de crear, muy especiales, que se buscan entre sí, como es el caso de las partituras gráficas que usted creó en la década de 1970. Esos pentagramas son hermosos, no solo como sonidos, sino como formas. El trazado es geométrico y lleno de colores vivos, y las notas musicales se pasean y corren por las líneas y espacios a modo de laberintos. Realmente esas partituras, aun cuando estén en silencio, siempre irradian algo mágico, y cuando están siendo interpretadas* *la magia se ennoblece más porque otorgan un mayor sentido de vida universal...*

Dentro de este contexto de música y pintura me asaltan algunas preguntas. Digamos, ¿cómo o por qué se le ocurrió una obra como El laberinto mágico?; *¿empezó a crear primero los pasajes sonoros desde la perspectiva de sus emociones musicales?; ¿o su imaginación, en primera instancia, dio paso a la creación de las figuras geométricas como dibujos y colores que usted iba escuchando y relacionando en su mente? ¿Hay algún simbolismo para usted en esta simbiosis de pintura y música, y si lo hubiera, cuál sería su significado?*

AdIV: Efectivamente, la pintura es mi segundo gran amor cultural. La génesis de mis partituras gráficas de la década de los 70 es

interesante. Observé cómo en la grafología musical de mi música, en la década de 1960, se aparecían formas visuales que eran triángulos, cuadrados, algunos rombos, rectángulos y hasta círculos y semicírculos, dependiendo de las entradas de cada uno de los tipos de instrumentos, los *clusters* orquestales junto a los agregados dinámicos y los crescendos y diminuendos. En las partituras gráficas de los 70, que son siete, traté de combinar música y pintura. Estas partituras, en colores, pueden ser interpretadas por uno o más instrumentos y/o voces humanas, tienen una duración indeterminada y son asimismo obras visuales que, enmarcadas inteligentemente, se transforman en cuadros para ser colgados en paredes.

En estas obras gráficas lo visual fue concebido primero. Dentro de lo visual se insertaron los sonidos, que son estructurados de diversas formas: interpretación de fragmentos en tres claves fundamentales (sol, fa y do en tercera línea), posibles lecturas retrógradas, *cantus firmus* con selecciones interválicas dodecafónicas libres (principalmente concretados en las formas circulares o semicirculares), zonas de interpretación *ad libitum* y, siempre, cuidadosa realización de los parámetros melódicos.

El simbolismo de estas partituras es el logro de haber roto con los límites sonoro-visuales para reencarnar, en la simbiosis, en un arte espiritual capaz de conectarse, quizás, con lo divino —según apuntó certeramente el pintor y artista gráfico cubanoamericano Ángel Marrero en su magnífico ensayo "Different Perspectives of a Hologram", publicado en el 2001 en el programa del Concierto Homenaje a mis 75 años realizado en Northridge.

4.- **MGM**: *Yo he escuchado su música en varias ocasiones, y he sentido como si los sonidos se colaran por mis poros. Hay arpegios, acordes, golpes, ruidos... silencios... no sé, un sinnúmero de movimientos emocionales que pueden llevarlo a uno a imaginar cosas muy espontáneas. No son imágenes que usted me esté imponiendo (como pudiera suceder con una ópera, donde cada momento en el escenario tiene su expresión sonora; o en la música de fondo de un filme, donde yo, obligadamente, tengo que imaginarme lo que me dan). Mis preguntas aquí son: esta democracia musical, en la que todas las notas son equivalentes, y que me hace a mí imaginar mi propia dimensión, ¿es consciente en usted?; quiero decir, Aurelio, ¿usted* *compone de una manera espontánea, como si en cada momento hiciera un solo o una descarga imaginativa?; ¿o usted se traza un plan queriendo expresar algo específico en cada movimiento, en cada grupo de sonidos?*

AdlV: La pregunta se las trae, pues el proceso creativo es un gran misterio. ¿Cómo funciona la mente creativa dentro de los parámetros musicales?; ¿es consciente o subconsciente el método que se emplea? Por ejemplo, si alguien me pregunta cómo concebí mi *Cuarteto en Cinco Movimientos, In Memoriam Alban Berg*, de 1957, tengo que responder que no recuerdo cómo se inició la gestación de esa obra. Me parece que lo que ocurre es que uno toma, digiere e incorpora en la memoria las manipulaciones técnicas y estructurales de un modo específico de creatividad artística, en mi caso los procedimientos musicales. Lo que hace luego mi imaginación es usar conscientemente estas prácticas subconscientes que dan forma a ideas sonoras. Creo que la efectividad final de una obra dada está en cómo esos elementos fueron usados. En cierto modo es como escribir una carta: ya uno no define las palabras si no que las usa fluidamente para estructurar frases y así comunicar emociones. En mi caso, el plan de una obra se va desarrollando en la escritura, aunque claro existe un preconcebido discurso estructural: qué medio se va a usar, qué formas van a decidirse, qué lenguaje es el escogido, etc.

5.- MGM: *¿Ahora, en la actualidad (año 2015), cree usted que el Gobierno de los Castro en verdad tomó la decisión de descongelar su música, de quitarle la censura a sus obras, porque realmente está cambiando su visión del mundo? ¿Es que los supuestos "extraños"* *sonidos de su música, de carácter universal, fustigaron (y fustigan aún) el incomprensible por paradójico nacionalismo de una revolución que se arropó por largos años dentro de un sistema extranjero como el soviético, centrado por Rusia?*

AdlV: No tengo la menor idea de cuál fue el proceso político-cultural que permitió que en Cuba se escuchase de nuevo mi música. Espero que este cambio de actitud sea sincero y **permanente,** y que mis "extraños" sonidos sean ya digeribles y de alguna manera oficialmente aceptables a estas alturas. Espero, asimismo, que los nuevos vientos indiquen una reafirmación de la libertad creativa, la cual, de algún modo, pueda pronto reflejarse en una libertad sociopolítica. Eso sería un gran y verdadero renacimiento histórico. Y espero que el Gobierno cubano apoye más en el futuro a los diversos grupos que actualmente hacen música clásica en Cuba, los cuales realizan sus funciones con grandes sacrificios. Ya sabemos que el cultivo de la música comercial cubana es un gran negocio muy lucrativo por su gran calidad y amplitud de recepción, pero las naciones escriben también sus biografías basadas estas en otras formas de alta cultura.

6.- MGM: *Si le invitaran oficialmente a ir a Cuba, con estas nuevas relaciones que se están gestando entre la dictadura castrista y el Gobierno de Obama, ¿usted iría?*

AdlV: No creo. Yo tengo un recuerdo maravilloso de la Cuba en que nací, crecí y habité. Fue una amante hermosísima, y me dolería volverla a ver sin dientes y con los senos limpiando el piso. Además, dudo que me recibirían como deberían hacerlo, o sea, como el retorno triunfante del hijo pródigo caminando sobre alfombra dorada.

7.- MGM: *Ha tenido usted unos cuántos momentos cumbres en su carrera: premios, menciones, homenajes. Yo le pregunto: ¿podría hablarme de algunas de las situaciones más trascendentales de su existencia; momentos que hayan significado para usted —de manera especial— una gran emoción o reconocimiento por su vida y obra?*

AdlV: Creo que los momentos musicales más emocionantes de mi carrera fueron: primero, mi nombramiento como Profesor Extraordinario y director de la Sección de Música de la Facultad de Filosofía y Letras de la Universidad de Oriente, en Santiago de Cuba, en 1954, cuando fundamos, por vez primera en Cuba, una carrera musical a nivel universitario. La primera ocasión en que esto ocurrió en América Latina fue en la Argentina (Universidad de Tucumán, en la década de los 40), la segunda fue en Cuba (Universidad de Oriente, década de los 50). En segundo lugar, está el estreno en Londres de mi *Elegía* para orquesta de cuerdas, con la Royal Philharmonic Orchestra, dirigida por Alberto Bolet, en 1954. En un tercer lugar, los estrenos de mis obras orquestales *Intrata* (1972) y *Adiós* (1977), dirigidas por Zubin Mehta con la Orquesta Filarmónica de Los Ángeles. En cuarto lugar, el Premio Friedheim del Kennedy Center for the Performing Arts (Washington, DC, 1978). En quinto lugar, el concierto en homenaje por mis 75 años realizado en la Universidad Estatal de California en Northridge, bajo el patrocinio del Instituto Cultural Cubano-Americano, en abril 22 del 2001, donde la pianista cubanoestadounidense Martha Marchena interpretó todas mis obras para piano. En sexto lugar, el premio William B. Warren Lifetime Achievement Award, otorgado en el 2009 por la Fundación Cintas de Nueva York en celebración de mi larga carrera musical. En séptimo lugar, el concierto en mi honor celebrado en el Coolidge Auditorium, de la Biblioteca del Congreso Norteamericano (Washington, DC, marzo 16, 2005), donde se estrenaron la Versión IV del *Laberinto mágico* y la Versión II de *Variación del Recuerdo*. En octavo lugar, el concierto también en homenaje por mi octogésimo quinto aniversario, celebrado en la Universidad Estatal de California en Northridge, en febrero 6 del 2011 (dedicado a la casi totalidad de mi obra vocal), donde mi esposa, la soprano norteamericana Anne Marie Ketchum de la Vega, interpretó inolvidablemente *Andamar-Ramadna* (una de las partituras gráficas de la década de 1970) en su Versión II. En noveno lugar, el otorgamiento de la Medalla Ignacio Cervantes, ceremonia que tuvo lugar en el Centro Cultural Cubano de Nueva York en el año 2012[3].

8.- MGM: *Yo diría que en usted también —además de su inclinación por la pintura— hay un buen y culto escritor. He leído cartas suyas, y leí, asimismo, y he separado como uno de mis escritos preferidos, su "Nacionalismo y universalismo. La historia de la música clásica cubana en la década de los cincuenta". Pienso que ese artículo es*

---

3 Continúa De la Vega: "En décimo lugar, tendría que decir que de haberse realizado esta entrevista hoy en octubre de 2019, tendría que añadir otras dos condecoraciones más, cuando fui admitido, con el grado de Comendador, en la legendaria Orden Imperial Hispánica de Carlos V, en España. Y finalmente, en onceno lugar, la medalla otorgada por el equipo de baseball de la Fundación de los Dodgers al Héroe de la Comunidad".

notorio dentro de la historia de la música cubana, aun cuando pueda ser controversial. Además, le he escuchado disertar en público, y francamente descubro que en usted hay un discurso de inteligencia y emoción que nunca pierde el hilo, que se conjuga de una manera exacta para lograr una persuasión en el lector o en el oyente. Esa coherencia nítida que he advertido en usted, entre raciocinio y alma, me dice entonces que su música es un reflejo de su propia personalidad: fuerte pero que al mismo tiempo sabe discurrir con la ternura, sabe ubicar su voz, sabe proyectar su elocuencia en la precisa caricia de un gesto. Esto que voy a preguntarle ahora podría parecer entonces una perogrullada, pero creo que en realidad sus respuestas ayudarían para un acercamiento al sentido de la creatividad y su ósmosis, de cómo puede darse un momento de creatividad y de dónde puede ser influido. En fin, ¿estaría usted conforme en decir que la naturaleza de su música es espontáneamente usted mismo?; ¿que su personalidad es unísona con sus composiciones, y que de alguna manera su música, de aquellos primeros tiempos en Cuba, que estuvo estimulada por la música clásica alemana, fue un vivo reflejo de su espíritu de rebeldía?; ¿que usted percibió la necesidad de aires de renovación no solo en la Isla, sino además en el ámbito latinoamericano?

AdlV: En realidad podría decirse que estas no son solo preguntas incisivas e inteligentes si no que son afirmaciones reales y contundentes. **Sí**, la naturaleza de mi música soy yo mismo; **sí**, mi música temprana fue estimulada por la música clásica alemana-austriaca; **sí**, mi música compuesta en Cuba durante las décadas de 1940 y 1950 reflejó mi espíritu de rebeldía, y **sí**, para mí la renovación de los aires culturales cubanos e internacionales fue un deseo personal muy intenso e importante. Y ¡muchas gracias por su esclarecido interés!

MGM: *Maestro Aurelio de la Vega, Palabra Abierta le está muy agradecida por sus valiosas respuestas.*

La realidad imaginaria de los planetas podría iluminar la música de nuestro
compositor. En North Glendale, California, 1985,
en casa del escritor Octavio Costa.

Aurelio de la Vega

Y LA MÚSICA DE LAS ESFERAS

Desde la Edad Media los alquimistas, magos y augures ya hablaban de la música de las esferas. Habría que recordar, en la época de los griegos, la escala musical pitagórica, sus planteamientos teóricos y hasta sus irradiaciones de la matemática musical aplicada al universo. Hoy en día las investigaciones de la NASA y otras instituciones científicas han corroborado estas proyecciones medievales, que más que todo fueron intuiciones geniales en la evolución científico-tecnológica del ser humano[1].

La música no solo de las esferas, sino la dodecafónica de Arnold Schönberg, por ejemplo (con vertientes posteriores como la música serial, entre otras), bien pueden representar la voz de una gran mente creadora de programas, aparentemente virtuales o computacionales, que haya ido llenando su propio vacío mental. Esto, por supuesto, proviene de la posibilidad de algunas de las tantas versiones que existen sobre el origen y diseño consciente en la creación del multiverso.

---

1 Es fascinante escuchar detenidamente las combinaciones de sonidos que surgen de cada planeta, y es como si se pudiera inferir que, en cada astro, en la vibración de cada partícula estelar, hay una expresión no solo de vida orgánica, por su composición sonora, sino además de sensibilidad biológica. Busque este *link* en YouTube y podrá escuchar la armonía de las esferas: https://www.youtube.com/watch?v=Y-c8W5Bpz_M.

Yo, por el derecho que me da la imaginación ante lo desconocido, puedo llegar a especular acerca de la estructura que ha sido diseñada por una mente de enésima superioridad para todos los universos, cualesquiera sean, y proponer, asimismo, que si realmente hay mundos paralelos, no tendría que ser menos cierto entonces que existan igualmente "universos sucesivos"[2] que en su historia cósmica encierren incluso el misterio de la creación de múltiples "universos simultáneos", aun cuando estas proposiciones especulativas, por ser realmente así reflexiones, suposiciones o conjeturas, indiquen el hecho de no haber sido todavía conocidas o detectadas por nuestros telescopios espaciales.

Por otra parte, la estructura de nuestro universo es matemática, pero también parece ser geométrica y sonora, puesto que los intervalos y las frecuencias de los sonidos astrales, en su simetría, son medidos por las matemáticas y por ondas de frecuencia. En sí mismo, nuestro universo está compuesto por una extraña e infinita sintonía de sonidos dados por sumas y sumas de intervalos sonoros, aun cuando hasta ahora no se ha podido hablar de una armonía sideral sonora desde la perspectiva de la música creada por los seres humanos. Quizás un estudio profundo de toda esta relación pudiera definir o encontrar la perfección armónica de una buena parte de nuestro universo; pero al mismo tiempo, supongo, descubriría la emoción de otros astros y zonas galácticas en una escala musical que tuviera incluso su relación con la mayor o menor entropía (desorden) de nuestro ya mencionado universo. Lo que quiero significar es

---

2 En la relación del *big bang* (nacimiento que puede haber sucedido por el colapso de un universo anterior), con el *big bounce* (o fin de la expansión del universo en cuestión y rebote hacia su contracción) y el *big crunch* (implosión de todo el universo para dar lugar a otra explosión de un nuevo big bang).

que, en la supuesta finitud del espacio exterior[3], pueden darse los registros y valores sonoros para la música disonante, dodecafónica, atonal y microtonal. En el caso de la música tonal sería bien difícil, pues habría que encontrar la relación armónica de los sonidos de cada planeta, que pudiera revelar la armadura de una sinfonía sideral, con el sonido de una nota astral dominante, basada en el conjunto sonoro de determinados astros, que tuvieran la posibilidad o potencialidad de crear fraseos melódicos para una "composición que desarrolle una idea musical como *leitmotiv*".

En general, tengo la impresión de que la relación de la música dodecafónica, atonal o microtonal —por la cualidad de los sonidos que se han detectado ya— se acopla en una mejor función cromática. Por tanto, en lo que le concierne, cualquier tratamiento instrumental o vocal vendría a ser mucho más fluido. En cuanto a los sonidos en función de cada cuerpo sideral, al parecer por su propia estructura y organización de cuerdas vibrantes, son estos evidentemente más adecuados a la atonalidad y a la microtonalidad que a la tonalidad tradicional.

La realización de estudios composicionales, desde la perspectiva del sonido en los planetas, interesaría muchísimo a los astrofísicos y a los compositores de música clásica, y sería sorprendente que se pudiera orquestar toda una sinfonía dodecafónica o microtonal, por ejemplo, en relación con las vibraciones siderales. Esta obra musical validaría una relación estrecha entre determinados cuerpos celestes. Y esta relación de cuerdas vibrantes hablaría entonces de nuevas —por desconocidas— potencialidades estelares. A no dudar, se abrirían

---

3 Cuestión que podría decirse que el universo —al menos el nuestro, un tanto conocido— no es infinito, sino finito, y que, a su alrededor, aun cuando continúa expandiéndose, se encuentra la oscuridad, tanto la primigenia como la actual, envolviendo a lo que es materia iluminada por la luz.

puertas aún no descubiertas para comprender incluso la simetría del universo y así realizar un acercamiento totalmente matemático de las escalas musicales con los tonos interestelares, como ya lo planteó teóricamente Pitágoras en su momento.

De entre los diferentes sonidos del espacio sideral que se logran percibir, y los que se podrían escuchar de otros cosmos y mundos que aún no se conocen, podríamos registrar nuevas escalas microtonales, en las que los microtonos de esas mismas escalas sean equivalentes. En otras palabras, encontraríamos sonidos que salgan de planetas o de estrellas, en general, de iguales jerarquías estructurales, de iguales geografías astronómicas y hasta de similares compuestos químicos. Si ello fuera así, ya podríamos darnos cuenta de que la música de Arnold Schönberg (nacido en Vienna en 1874, fallecido en Los Angeles en 1951, creador de la música dodecafónica en 1921) y la de Aurelio de la Vega (reconocido compositor cubano de música clásica, pantonal y serial, y de composiciones aleatorias o música del azar) son —como la de otros tantos compositores a lo largo de la historia de la música— una consecuencia directa (aun cuando muchos de ellos no lo hubieran sabido, o no lo sepan todavía) de la naturaleza musical del universo.

La descomunal inteligencia que se oculta en toda la estructura de nuestro universo, de alguna manera, proyecta en nuestra psicometría mental la necesidad de reflejar determinados rasgos de la naturaleza del cosmos, y es por eso que el ser humano puede contar con los dones y talentos diversos de muchos compositores de música clásica, y en específico de alguien como Aurelio de la Vega, ejemplificando así la identificación de la biología humana, fundamentalmente de la parte sonora que registra y desarrolla el cerebro, con la naturaleza del universo, sacada directamente de la infinita vibración de las cuerdas cósmicas que enlaza el sonido a la luz misma. Si el concepto *lux* es una representación divina de la revelación de la Creación, el sonido armónico o microtonal de las esferas constituye la Voz con la que se propuso ese Gran Compositor, o llamémosle asimismo Dios, identificar la inteligencia (con las matemáticas) y las emociones (con el canto, la danza, la poesía, el drama, el arte y la literatura).

Me atrevo a decir, por ello, que todo lo que podamos imaginar, calcular y hasta planear ya, de alguna manera, se encuentra inscrito en la naturaleza del universo, incluso en la también infinita y microscópica dimensión cuántica.

Por esta misma razón, soy de la creencia de que todo lo que podamos imaginar, más tarde o más temprano, lo podemos llevar a la realidad física. Mucho más si sabemos que en la historia de la filosofía no han faltado filósofos que han planteado que el mundo, el cosmos y todo lo creado son formas proyectadas de nuestras conciencias. Uno de los principales filósofos a tener en cuenta, en este sentido, es George Berkeley, "quien pensaba que, en realidad, el mundo que llamábamos externo a la mente no existía con independencia de nuestro pensar. Es decir, en realidad, andar por el mundo es muy similar a andar por la mente"[44], decía. (Y esto también podría querer expresar que Dios

4 Consúltese a propósito al escritor Esteban Galisteo Gómez, en un interesante artículo, cuyo título estrechamente vinculado a la filosofía es "Solipsismo", http://filosofia.laguiazooo.com/general/solipsismo. Por otra parte, consúltese los dos libros del Dr. Robert Lanza (biólogo y uno de los científicos importantes de la actualidad) y Bob Berman (reconocido astrónomo): *Biocentrismo. La vida y la conciencia como claves para comprender la naturaleza del universo* [traducido del inglés por Elsa Gómez Belastegui], Málaga, España, Editorial Sirio, S.A., 2009; y *Más allá del Biocentrismo. La necesidad de reconsiderar el tiempo, el espacio, la conciencia y la ilusión de la muerte* [traducido asimismo por Elsa Gómez Belastegui], Málaga, España, Editorial Sirio, S.A., 2016. En ambos libros, se dice que la ciencia tradicional ha expuesto siempre que la materia es la procreadora del ser humano y del universo, así como que esta es independiente de nosotros

vino a realizar toda su creación a través de nuestras mentes y, en este sentido y en otras dimensiones, mediante los pensamientos de seres que no hayan sido o sean terrestres).

Si seguimos esta pauta acerca de la imaginación como la otra parte de la realidad (invisible u oculta, aparentemente no presente y perteneciente a la dimensión de la no-forma por ser subjetiva y abstracta), entonces podemos afirmar, en cuanto a la imaginación, que la música dodecafónica y/o serial (y asimismo la música electrónica, microtonal por esencia), además de ser una realidad sonora, se encuentra contenida también en el universo nuestro como estructura real en determinados sistemas solares y regiones galácticas (o más allá, entre las mismas galaxias), y que en definitiva forma parte, de hecho, del diseño de la creación cósmica.

En estos tiempos ya se ha corroborado que el Sol "emite sonidos ultrasónicos aproximadamente trescientas veces más graves que los tonos que puede captar el oído humano"[5]. Esto implica que el universo no solo está matematizado musicalmente, sino que, además, hasta las más ínfimas partículas que pudieran descubrirse (hasta ahora hablamos de las supercuerdas)[6] constarían de vibraciones de

---

mismos. Sin embargo, por nuevos estudios que se han realizado, y de acuerdo con los autores de estos libros, Lanza y Berman, la vida y la conciencia son los verdaderos creadores de la materia, del universo y de todo a nuestro alrededor.

5 Consultar a Fernando Daniel Villafuerte Phillippsborn en su libro *Una aproximación a la realidad...*, en Kindle, Amazon, posición 1257.

6 "Las teorías de las supercuerdas, que explican el universo a través de matemáticas muy avanzadas, demuestran teóricamente que los elementos más simples e indivisibles que conforman las partículas elementales son filamentos similares a unas cuerdas musicales. De forma que cada elemento en la naturaleza, incluyendo la luz y las fuerzas de la naturaleza, tendría una vibración en una tonalidad única, pero armónica, con el universo". (Fernando Daniel Villafuerte Phillippsborn, *op. cit.*). Aún en lo experimental, esta proyección de las supercuerdas no está

sonidos que al conjugarse y combinarse (desde esas supercuerdas hasta los bosones, fermiones y fotones) darían paso a una música originaria, única en su clase, pero al mismo tiempo inspiradora en nuestra propia naturaleza humana. De hecho, entre tantas cosas, puedo especular que la matemática musical (Pitágoras), pongamos por caso, es producto de la propia inteligencia del universo.

Muy bien puede constatarse ya que cada planeta, y hasta cada forma material del universo, cuenta con sus sonidos respectivos. Esto es trascendental en el sentido de por qué y para qué está diseñado el espacio exterior, y de lo cual han hablado ya unos cuantos científicos. De ello se deriva que es innegable que desde el *big bang* hasta nuestros días el espacio interestelar ha tenido un punto de partida y desarrollo inteligente, y que esa inteligencia, entre tantas otras formas de expresarse el cosmos, al ser también representada por una cierta sonoridad musical, guarda indefectiblemente una identificación con uno de los tipos de teoremas sonoros creados por el ser humano: la escala dodecafónica, que posteriormente puede convertirse en diversas escalas microtonales. Lo que quiero significar es que, a través de sonidos, en que algunas series de ellos no se identifican como notas dominantes, se puede revelar una relación directa y hasta estrecha de la más genuina estructura del universo con la creación humana musical de carácter atonal-dodecafónico-microtonal.

De la Vega y la sonoridad mental

Aun cuando por lo general el "oído y la imaginería visual" se encuentran dados en aquellos que pierden la vista, no dudo de que

---

comprobada, pero sí teóricamente —a través de las matemáticas— promete grandes posibilidades para lograr al fin descubrir la Teoría del Todo.

en esto el compositor Aurelio de la Vega sea una excepción, debido a que él nunca ha perdido la visión y aun así su mente cuenta con una enorme colección de ideas musicales en la que el reconocimiento del sonido desempeña un papel principalísimo. En realidad, solo se me ocurre recurrir a esta analogía de los ciegos porque ellos sustituyen su pérdida visual por un enorme poder en sus oídos y en su imaginación. En el caso de los ciegos, no de todos, pero sí de muchos, estos subsisten como cualquier persona normal gracias a que a través de los oídos y de la imaginación logran las posibilidades de orientarse y de llegar a tener una excelente ubicación del lugar donde se encuentran, así como también aumentan las funciones de su oído musical y, en general, de la captación de cualquier tipo de sonido[7]. Así le sucede a nuestro compositor Aurelio de la Vega en cuanto a los sonidos. Su mente debe almacenar, combinar y seleccionar sonidos en proporciones extraordinarias en comparación con las personas que cuentan con una memoria musical normal. Imagino que De la

---

7 Recuerdo en mis tiempos de juventud, en La Habana, cuando yo tocaba saxofón en un grupo de música popular, uno de los asesores que la agrupación tenía era el bajista de la banda musical los 5 U-4, llamado Leonardo (solo me acuerdo de su nombre y no del apellido). Como se conocía en Cuba, casi todos los integrantes de esa agrupación eran ciegos, pero tocaban rock y otros ritmos excelentemente. El caso es que cuando terminábamos los ensayos asesorados por Leonardo, muchas veces le acompañé —no solo por cortesía, sino además porque me daba la impresión de que podía tener un trágico tropezón y dañarse— a tomar el ómnibus en la acera de frente al Ministerio del Azúcar, al que pertenecía el grupo en que yo tocaba. Ahí mismo se encontraba la parada del ómnibus, y más de una vez me sorprendí grandemente porque yo veía a lo lejos venir dos ómnibus y le decía: "Leonardo, creo que ahí viene tu guagua (ómnibus), la 68". Y él se sonreía y me respondía: "No, esa no es la 68. La 68 es la que viene detrás". Y para asombro mío, en efecto, sucedía así mismo. Y yo le preguntaba cómo lo podía saber; y él me respondía nuevamente sonriendo: "Con el oído, amigo. Yo, mediante mi oído, reconozco cada cosa por su sonido".

Vega despliega en su mente una imaginería auditiva tan entrenada que es capaz de escuchar pasajes musicales de sonidos extraños, no tradicionalmente melódicos y sí asonantados, de una manera quizás solo explicable para un neurólogo enciclopedista como el británico Oliver Sacks, que se ha dedicado a estudiar los fenómenos musicales en la mente de determinadas personas[8]. La diferencia que existe entre De la Vega y el fenómeno de los ciegos es que él no ha perdido nunca sus sentidos. Al parecer, De la Vega es de esas personas que han tenido el privilegio de no ser ciego para contar con un amplio rango de las funciones de todos sus sentidos, en especial el del oído, además de que ha hecho méritos con su creatividad pictórica y gráfica, así como con la literaria.

En relación con las alucinaciones musicales, el reconocido Dr. Sacks ha dicho que la imaginería musical no es menos variada que la visual. Hay personas apenas capaces de retener una melodía en su cabeza, mientras que otras pueden reproducir en su mente sinfonías enteras con unos detalles y una viveza no muy distintas de si las estuvieran escuchando[9].

En este caso, para un hombre como De la Vega, que le podría dictar de memoria, por ejemplo, los pasajes de sus composiciones para piano a una excelente pianista como Martha Marchena —quien se ha dedicado a interpretar y grabar la obra pianística integra de nuestro compositor— esta acción de escribir la música o dictarla es su genuino acto de creación. No dudo, siguiendo las consideraciones que han sido experimentadas por el Dr. Sacks, de que muy probablemente De la Vega sienta deleitosos ataques de

8 Oliver Sacks: *Musicofilia. Relatos de la música y el cerebro*, Editorial Anagrama, Barcelona. En este caso la consulta y la cita han sido tomadas del programa Kindle de Amazon, cita en la posición 556.
9 Oliver Sacks: *idem.*

sonidos musicales que lo lleven de inmediato a momentos de éxtasis prolongados escribiendo sus partituras —momentos exquisitos de paciente entrega a ese lenguaje divino de los sonidos.

Ahora me acuerdo también de la extraordinaria película *Amadeus,* dirigida por Milos Forman, en la que, durante el delirio de la enfermedad final de Mozart, un breve tiempo antes de morir, este le dictaba la música de su *Misa de Réquiem,* en *re menor,* al supuesto amigo que era Salieri, quien no venía a ser sino su enemigo más envidioso, demostrando así Mozart que tenía en su mente toda la trama orquestal, coral y soloística de esa maravillosa obra.

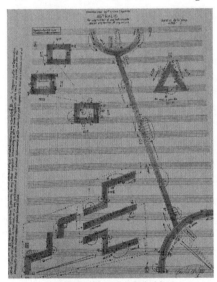

Astralis, de Aurelio de la Vega, para cualquier número de instrumentos y/o voces, Northridge, 1977

La música de los planetas

Siempre he pensado que las composiciones de Aurelio de la Vega son sumamente emotivas, puesto que las emociones humanas forman parte fundamental de toda su obra; y también he llegado a pensar que la música dodecafónica, o la atonal libre, o la serial, son las más cercanas a un diverso sentido de alteraciones, porque a diferencia de la música tonal tradicional, la atonalidad libre o la serialidad —como una incidencia fenomenológica— pueden expresar determinados tipos de sonidos y de momentos, como son la impresión, la conmoción, el enternecimiento y la exaltación, entre otros más, de modo extremo.

Pienso que es aquí donde este tipo de música colinda con lo poético, y en el más bajo o más alto grado sonoro se podría así sentir la sensibilidad atonal de un acorde combinado con un aparentemente indescifrable grupo de versos, sonetos o párrafos de José Lezama Lima.

De este modo, por ejemplo, la *Intrata* (1972) para orquesta de Aurelio de la Vega, se despliega como una narrativa sonora a través del movimiento de los planetas, con todas las emociones que pudiera darnos la cercanía o alejamiento de un astro produciendo sus propias fricciones con las cuerdas del espacio. En esta obra, el fragor incesante de la percusión nos recuerda la incidencia de los distintos aires que pueden suponer la rotación de un planeta sobre su propio eje, la expectativa de los amaneceres, la tensión de la oscuridad y las auroras boreales del planeta Tierra.

También podríamos hablar de su *Leyenda del Ariel criollo*[10], y de cómo De la Vega, compositor cubano, extrajo a Ariel de su propia mente, de alguna manera enlazándolo con acordes cósmicos. Esta obra, para chelo y piano, nos narra todo un sueño de emociones:

---

10 "*Leyenda del Ariel criollo*, para violonchelo y piano, fue escrita en mi casa en Miramar, La Habana, en 1953, creada específicamente para mis queridos amigos, el primer violonchelista de la Filarmónica de La Habana Adolfo Odnoposoff y su esposa, la pianista Bertha Huberman. La obra es mi composición más abiertamente cubana. Sin citar ninguna melodía de temática folklórica o popular cubana, *Leyenda del Ariel criollo* transforma varios ritmos melocubanos creando una paleta armónica a veces postimpresionista y a veces pantonal. El trabajo fue estrenado por Odnoposoff y Huberman en La Habana en 1954, en un concierto de la Sociedad de Conciertos, e inmediatamente grabado por PANART para un LP que incluía obras de varios otros compositores cubanos, como Amadeo Roldán, Pedro Menéndez y José Ardévol. Fue interpretado en todo el mundo por los dos mencionados anteriormente, en varios de sus viajes anuales, y sigue siendo una de mis composiciones más interpretadas". Palabras de Aurelio de la Vega tomadas del video de YouTube en el que se interpreta esta obra del año 1953: https://www.youtube.com/watch?v=4uAz-QyDvd4.

increíbles golpes de piano, eufóricos acordes que buscan sustituir cualquier tipo de ritmo para constituirse en emotivos efectos de torrentes sanguíneos, mientras el chelo se da a la tarea de hacer un viaje de suavidad contrastante con las bajas octavas del piano — toda una panoplia de sonidos suaves y ligados, como si se quisiera inventar una asonancia cósmica que es como una irrupción en el mundo de la Isla, augurando la inmediata pérdida de una cultura de élite. De la Vega hizo esto de una manera tan auténtica como subliminal, trasladando el *Ariel* de Rodó de lo latinoamericano a una cosmovisión más universal, aun cuando fuera en el plano de lo cubano, creando al mismo tiempo su propia leyenda que rebasaba esos límites rodosianos.

En la Cuba de aquella década de los años 50, tan enaltecida de emprendimientos, pero al mismo tiempo tan castigada por el nacionalismo y la mala política del momento[11], este Ariel criollo es el personaje de Aurelio de la Vega que significó la necesidad de una élite inteligente y culta presente, y de la necesaria asunción de toda una nueva potencialidad cultural que siempre ha estado oculta, y que permanece aún sumida en el sustrato mental y espiritual de muchos cubanos. Esa *Leyenda del Ariel criollo* de Aurelio de la Vega, cuando se haga un estudio profundo de la cultura cubana de aquella época, ocupará un lugar prominente en la historia de la música clásica cubana, que en su *infinitum* profundo esconde asombros y sorpresas. Este es el Ariel de De la Vega, representando a un inteligente, apasionado y culto criollo que se rebela contra la banalidad y la mediocridad. Fue una valiente irrupción,

---

11 La absurda política de una dictadura batistiana, endeble y sangrienta, que vino a permitir y a desembocar en una "revolución" castrista muchísimo más implacable y desastrosa que su predecesora. Todo ello ya auguraba en los últimos tiempos de la década de los años 50 un futuro nefasto y aciago para el pueblo cubano.

contradictoria con todo lo mundano musical y, ¿por qué no?, social de su momento, porque en este sentido de la mediocridad y la frivolidad nunca había habido reales cambios en la Isla, a no ser los cambios que sí se habían gestado en las sombras.

Pero aquella lucha del Ariel criollo, planteada como obra musical por Aurelio de la Vega, aún no ha cesado. Así ha sido, desde que se ignoró a un grupo como *Orígenes* y a su mentor Lezama Lima[12], hasta una enorme lista de músicos, pintores, escritores y artistas que hoy en día se encuentran en el exilio, como ha sucedido con el mismo Aurelio de la Vega. Esta gama de talentos, desde la proyección de la Isla, ha quedado escondida y negada para el mundo, y hasta disfrazada, como cuando se quiso recuperar la figura de la poetisa Dulce María Loynaz del Castillo por su premio Príncipe de Asturias. (Hay que recordar que la Loynaz del Castillo siempre se había mantenido en las sombras por pensar como pensaba, y por nunca relacionarse con el Gobierno castrista.) Por otra parte, mucho de esto había ya comenzado a suceder en los tiempos juveniles de Aurelio de la Vega, apoyado todo por la propia ignorancia de los cubanos.

En Cuba, el relajo y el choteo siempre estuvieron masificados, y dentro de toda esta baraúnda histórica, cómo no sentir, entonces, la intensidad de la música que creaba y crea Aurelio de la Vega, si esta siempre

ha tenido un grado conceptual y filosófico. Los textos son más complejos y el mensaje es difícil (...). Cuando una persona oye

---

12 Consultar a Remedios Mataix: "La escritura de lo posible: el sistema poético de José Lezama Lima", en Biblioteca virtual de Miguel de Cervantes, por Google: http://www.cervantesvirtual.com/obra/la-escritura-de-lo-posible--el-sistema-potico-de-jos-lezama-lima-0/.

música, esa música entra por el cuerpo entero. Esa música es la que a mí me ha fascinado[13].

Exactamente así le sucede a este creador de sonidos que es De la Vega. Hoy en día esos sonidos van más allá no solo de una música clásica tonal, sino además del propio sentido musical del ser humano, cuando ya podemos darnos cuenta de que el universo nos responde con la música microtonal de las esferas, con sus increíbles sonidos ancestrales que parecen ser los nuevos parámetros que guíen las composiciones del futuro.

El "otro tiempo" (o el asombro de las alucinaciones)

Cuando Aurelio de la Vega comenzó a componer, se encontró en Cuba una atmósfera asfixiante de nacionalismo, que su espíritu calificó de "enervante, limitada, con olor a gueto cultural". Por ello, el compositor necesitó encontrar en el mundo de la música un lugar donde se privilegiase la inteligencia y los estados íntimos del ser:

Yo escogí abrir las puertas al mundo musical amplio y revolucionario, en esa época representado por la Segunda Escuela Vienesa, con el trío Schönberg-Berg-Webern a la cabeza[14].

En esa entrevista realizada por la revista *Palabra Abierta*, De la Vega continúa hablando de su música con toda propiedad:

---

13 Ha dicho todo esto el propio De la Vega en entrevista para ContactoMagazine. com, en su espacio dedicado al Centenario de la República de Cuba: http://www. contactomagazine.com/aurelio100.htm.

14 Manuel Gayol Mecías: " 'La naturaleza de mi música soy yo mismo', Aurelio de la Vega" [Entrevista], realizada por *Palabra Abierta* [http://palabrabierta.com/ la-naturaleza-de-mi-musica-soy-yo-mismo-aurelio-de-la-vega/], y que también aparece aquí, en este libro.

Dentro de Cuba mis obras fueron altamente revolucionarias en su momento. Fuera de Cuba, donde se ha desarrollado mayormente mi carrera creativa, mi música es altamente respetada, interpretada de continuo por excelentes orquestas, conjuntos de cámara y solistas de gran fama. El impacto de mi música en el ámbito internacional, desde la década de 1960 hasta el presente, es menos revolucionario, pero no menos importante[15].

Todo esto es cierto, aun cuando haya sido dicho por el mismo compositor. Y es cierto porque su sentir es realista y consecuente con la verdad histórica de saber lo que él fue y es, estando consciente de lo que quiso hacer y logró. Esta aseveración de que su música conformó un momento histórico y revolucionario en la música clásica cubana (y, de hecho, en el contexto internacional, aunque no constituyó otra "revolución creativa"), sí tuvo una importancia de orden renovador. Y es todo esto lo que me ha motivado para escoger algunas de las composiciones de Aurelio de la Vega como ejemplo de posibilidades atonales que puedan estar relacionadas directamente con los nuevos sonidos venidos del espacio exterior, por ser estas composiciones "un sonido de otro mundo", como bien titulara su excelente trabajo sobre la música de De la Vega el historiador Rafael Rojas, en el homenaje especial que le dedicara al compositor cubano la revista *Encuentro*[16].

A los efectos de todo lo que vengo diciendo anteriormente he escogido concentrarme, curiosamente, en las obras para piano de

---

15 *Palabra Abierta: Op. cit., idem.*

16 Rafael Rojas: "Un sonido de otro mundo", en Revista *Encuentro de la Cultura Cubana* [primavera-verano de 2003, pp.5-7]: La *Revista Encuentro...* realiza un homenaje al destacado compositor Aurelio de la Vega: http://www.cubaencuentro.com/var/cubaencuentro.com/storage/original/application/f19a630bb8440c30c6b3d4a913a23370.pdf.

De la Vega, que van de 1944 a 1986. Es en estas composiciones donde la esencia pura de la creatividad de De la Vega se manifiesta más claramente. Sin la vestimenta instrumental y/o vocal, con sus frondosos colores sonoros y sus dimensiones sónicas sorprendentes, estas composiciones para piano, desnudas, directas, claras en su mensaje, nos descubren un ropaje armónico fundamental. Aunque el factor melódico (horizontal) es evidente, es la verticalidad armónica lo que nos conecta directamente con esa "música de las esferas" de la que hemos hablado.

Una pieza como el *Preludio No.1* (1944) puede grabarse perfectamente sobre los sonidos que dan Saturno, Urano, Neptuno y Mercurio, por ejemplo, y muy bien cualquiera de ellos podría respaldar una base en la parte de los arpegios de este *Preludio*. En los sonidos de Neptuno, este deja entreoír en su basamento sonoro una especie de chiflido de alejamiento, que de pronto puede unificarse con las variadas sonoridades agudas de la obra *Antimonies* (1967). Aquí tampoco hay entorpecimiento, que no sea composicional, cuando aparece Mercurio y continúa moviéndose por debajo de las sonoridades de *Antimonies,* en una especie de temblor terrestre que se prolonga con cierto sentimiento de susto, como de algo desconocido. Se manifiesta Urano, y hace su entrada con su sonido del viento, como anunciando pasajes inquietantes típicos de la *Toccata* (1957), donde el piano, en sus notas fuertes y sus arpegios oscuros, produce la sensación de que, a pesar de lo desconocido, aún hay vida. Muchos pasajes de *Antimonies*, y algunos de *Homenagem "In Memoriam Heitor Villa-Lobos"* (1986), por instantes, parecen unificarse con todo este sentido aleatorio, supuestamente azaroso, del universo.

Quizás con este ensayo intuitivo, y el seguro deseo de superar mi propia limitación musical, pueda yo acercarme al riesgo imaginativo y sutil de interpretar en palabras —siguiendo las esclarecidas ideas del ensayista Enrico Mario Santí— el *Epigrama* (1953) de Aurelio de la Vega. Con esta obra la visión de ese "otro tiempo" onírico, detectado tanto por el oyente como por el propio compositor, se hace presente. Así nos dice Santí:

> El surgimiento de este "otro tiempo", tan inesperado como extraño, sugiere, a mi modo de ver, la paulatina toma de conciencia de una dimensión oculta, un tiempo secreto paralelo al cotidiano tiempo humano (...). El "otro tiempo" es el tiempo privilegiado del visionario (o, en este caso, del "auditor"); el tiempo en que vemos u oímos algo radicalmente extraño y distinto, aunque siempre dentro de nuestros límites reales, terrenales[17].

Tiempo, sonido y poesía forman parte profunda e integral de las ideas que bullen en la mente del compositor Aurelio de la Vega. En ella hay una amalgama extraordinaria que llena los sentidos y nos descubre la impecable memoria musical de este hombre que, de igual manera, se hace poesía. Se hace, incluso, una narrativa de las emociones. Ha sido ese "otro tiempo" el que se ha venido cimentando en él a través de sus composiciones, como bien declara Santí. En efecto, esa es la esencia sagrada que ha latido en él, como en todos los grandes creadores, y que, en mi criterio personal, viene del espíritu del universo; de esos sonidos extraños que se interconectan cuánticamente, de unos a otros, y que, del espacio exterior a nuestro espacio terrenal, se depositan en los seres, y hasta muy simbólica y materialmente, en las funciones de los instrumentos y de las voces humanas.

---

17 Enrico Mario Santí: "El otro tiempo", en su libro, *Mano a Mano. Ensayos de circunstancias*, Aduana Vieja Editorial, Valencia, España, pp. 153-4.

El *Epigrama* para Santí significa una irrupción en la cronología de las piezas de piano de De la Vega que constituyen el disco compacto *The Piano Works of Aurelio de la Vega,* porque "a contrapelo de una sucesiva cronología la colección cierra, inesperadamente, quebrando así la secuencia, con *Epigrama*. Más adelante veremos la importancia de esta ruptura", advierte Santí. Y en esencia, "más adelante" lo que se devela es ese "otro tiempo" que el ensayista va descubriendo, y que también es la "otra voz" para Octavio Paz. Ese cierre con *Epigrama* parece ser el asombro intuitivo que hace el propio De la Vega de sí mismo —de una gran mina oculta que vino guardando dentro de sí y que comienza a surgir, primero de una manera inconsciente y, posteriormente, en los finales de la década de los años 50, con la fuerza de la plenitud. Cito de nuevo a Santí, quien en apretada síntesis abarca el criterio del proceso de culminación de esos momentos alucinantes u oníricos del creador que es Aurelio de la Vega. Expresa Santí:

Los musicólogos no dudan en destacar la madura complejidad de estas composiciones [el conjunto que conforma *The Piano Works*], aunque confieso que lo que cautiva mi ignorante oído, lo que para mí señala estas piezas como cambios significativos en la paleta armónica, es su paulatina introducción de tiempos y tonos radicalmente distintos dentro de la estructura melódica del conjunto. A caso, ingenuamente, me refiero a este fenómeno como el hallazgo de un tiempo alucinatorio: secuencias que me gustaría llamar "oníricas"[18] y que se confrontan con un colorido que quiebra los relatos centrales para crear efectos de verdadero hechizo[19].

---

18 Oníricas: como en los sueños.
19 Enrico Mario Santí, *op. cit.* pp. 152-3.

He escuchado, por partes, las piezas de *The Piano Works of Aurelio de la Vega,* y concuerdo realmente con Santí que es aquí donde se puede apreciar esa sensación de alucinación y de una respiración inquietante en el vuelo y saltos de esos acordes del piano, tan magistralmente ejecutados por Martha Marchena. En todo esto siento que sí, que, en efecto, De la Vega, con cada una de esas piezas —posiblemente de manera inconsciente—fue preparándose para algo extraño que le venía sucediendo en el transcurso de esa década de los años 50. Y por esa gran intuición que tuvo de cerrar la cronología con una pieza que era anterior a otras tantas del mismo disco, es por lo que también *Epigrama* significó para él la irrupción de que algo nuevo se venía ya gestando en su imaginación creativa. Pero, además, es ese impulso —ese "otro tiempo", esa "otra voz"— lo que yo siento: el hecho de que a partir de esta colección *(The Piano Works),* De la Vega comenzó a entrar en una dimensión cuántica de su música, cercana ya a la música de las esferas.

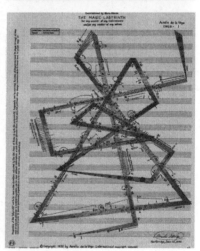

De José Lezama Lima a Aurelio de la Vega y
de *Paradiso* a *El laberinto mágico*.

DOS RETRATOS PARA UNA FÁBULA. DE LA REBELDÍA A LAS COINCIDENCIAS Y LA UNIVERSALIDAD EN

José Lezama Lima y Aurelio de la Vega

A mi amiga, Ivette Fuentes de la Paz,
aun cuando ella esté ajena
a mis dedicatorias

El poema es un caracol en donde resuena la música del mundo
y metros y rimas no son sino correspondencias,
ecos, de la armonía universal

Octavio Paz

El poema es un caracol nocturno en un rectángulo de agua

José Lezama Lima
(En Pedro Simón: Compendio de textos de JLL)

INTRODUCCIÓN

Lo poético, como creación, no habla exclusivamente del sentido de la poesía ni de los poemas en sí mismos, sino que incluye además el hecho mistérico de la invención en su calidad estructural; es la poiesis literaria y artística de algo que surge de la íntima profundidad humana; es el regocijo del alma desde una perspectiva gnoseológica e, igualmente, desde una concepción unificadora del contenido con su forma, en cuanto a ser foco irradiador de una esencialidad con su correspondiente belleza.

Lo poético, simiente de lo artístico y lo literario, deviene fenómeno de ebullición imaginativa que trasciende los límites de los géneros y se asocia estrechamente a la satisfacción del alma, a ese asombro creativo que se da entre la poesía y las artes. En el caso de la música de arte, por ejemplo, esta es capaz de recrear un estado mental poético, en el cual podemos evocar escenas, atmósferas y ritmos imbuidos de esplendor y magnificencia, así como de un contenido axiomático que nunca deja de ser genuinamente creativo, en lo fundamental cargado de una identificación sensible con la vida. Como expresa Ulises Huete, hablando de Octavio Paz, en uno de sus artículos publicado en *Babelia*: "La visión poética de la vida es una perspectiva, una sensibilidad y un entendimiento sutil. Esta mirada reconoce relaciones no convencionales entre las cosas y la conciencia"[1].

En realidad, este proceso emocional y conceptual entre la música y la poesía, de profunda intuición en la lucidez y el sentimiento,

---

1 Ulises Huete: *El País* (digital), "Babelia", Madrid, 9 de julio de 2015: [http://cultura.elpais.com/cultura/2015/07/07/babelia/1436278234_749351.html].

confluye a modo de percepciones en nuestra conciencia, y ya sean las vibraciones del sonido (acordes, arpegios, pasajes rítmicos, frases melódicas, notas, silencios, efectos o el sentir de las imágenes), o la sonoridad, figuración y percepción de un poema (en los distintos ritmos de versos, su clasificación en sílabas, su estructura sintáctica, la esencia sonora como fonética de esos versos, la atmósfera dada por el léxico y, fundamentalmente, las imágenes surgidas de la propia connotación metafórica del lenguaje, entre otras tantas características de una existencia sensible). Ambos fenómenos, incluso hasta cierto punto diferenciables, son capaces de crear una misma recepción o sentimiento: de exaltación o de tristeza, de nostalgia, de grandeza o de ansiedad, de arrebato y de admiración, o de misticismo y de pasión amorosa, entre otras emociones y afectividades.

De la misma manera en que guardamos una buena cantidad de sonidos musicales en nuestra cabeza, dice el neurólogo y psiquiatra Oliver Sacks[2], asimismo almacenamos palabras y, en específico, versos y tonadas poéticas, y tenemos el don de que nuestra conciencia, en su potencialidad creativa, logra fundir en ocasiones metáforas e imágenes puramente poéticas combinándolas con tonalidades musicales o, simplemente, con música de fondo apropiada para determinado tipo de poema. Y esto es algo que, por supuesto, se encuentra muy relacionado con el disfrute de las emociones, tanto para la poesía como para la música. Es por esto, que me atrevo a incluir, como una base real de "lo poético", la relación con todo tipo de arte y de literatura, y principalmente con la poesía. Citamos nuevamente al Dr. Sacks:

... todos nosotros utilizamos (...) el poder de la música; y poner música a las palabras, sobre todo en culturas preliterarias, ha

---

2 Oliver Sacks: *Musicofilia* [Ed. española], Editorial Anagrama, Kindle Edition.

desempeñado un importantísimo papel en relación con las tradiciones orales de la poesía, el relato, la liturgia y la oración. Se pueden almacenar libros enteros en la memoria: los más famosos son la *Ilíada* y la *Odisea,* que podían ser recitados enteros porque, al igual que las baladas, tenían rima y ritmo. Es difícil decir hasta qué punto este recitado se basa en el ritmo musical y hasta qué punto puramente en la rima lingüística, pero sin duda ambas están relacionadas: tanto "rima" como "ritmo" derivan del griego, y conllevan los significados conjuntos de medida, movimiento y flujo. Es necesario un flujo articulado, una melodía o una prosodia para que uno pueda seguir adelante sin parar, y eso es algo que une lenguaje y música, y que podría subyacer en sus orígenes quizá comunes[3].

La misma consonancia observada cuando el lenguaje y la música se unen para crear, se advierte en su recepción. Esta relación familiar entre una y otra supone una sensibilidad de imágenes con sentimientos análogos mientras escuchamos música o leemos un poema, sin mencionar el hecho de que los poemas pueden leerse en alta voz o declamarse, y la emoción que esto causa es parecida a la percepción de sonidos. Así, escuchar música es una sinfonía de sonidos, y recitar un poema en alta voz es una sinfonía de palabras. Todas esas percepciones: las musicales y las líricas, al ser recibidas por la conciencia, se igualan en el proceso mental y reaccionan de manera inteligente con la misma eficacia de placer, de gusto y de complacencia[4].

---

3. Sacks, *idem, location* 3472.

4 Puedo recurrir a Octavio Paz, en su tensión entre el arco y la lira, cuando nos habla de la potencialidad de lo poético como momento mental, en el que la conciencia traduce el lenguaje de las palabras en ritmo y en sonidos, y el lenguaje

En este sentido el proceso, cuando se lleva a cabo en nuestra mente, nos permite comparar la una con la otra—independientemente de salvar diferencias entre la música y la poesía—como un hecho válidamente creativo que, por la magnificencia de vasos comunicantes (hilos ocultos o secretas interconexiones de conciencias y coincidencias que nos llevan a sentir la "armonía universal")[5], se nos descubre en las obras de un inmenso poeta como José Lezama Lima (1910–1976) y de un excepcional compositor como Aurelio de la Vega (1925).

De la Cuba secreta de María Zambrano.
De la diversidad, el sincretismo religioso y el encuentro

De la música a la poesía, o viceversa, encontramos que estos dos autores (Lezama y De la Vega), que curiosamente, aun cuando mediaba una diferencia de edad de 15 años, vivieron una misma época durante buena parte de sus vidas y que, sin embargo, no se

---

sonoro de la música en imágenes poéticas del mundo. Paz ha dicho, en su libro *El arco y la lira* (México, Fondo de Cultura Económica, 1993, p. 13): "Juego, trabajo, actividad ascética. Confesión. Experiencia innata. Visión, música, símbolo. Analogía: el poema es un caracol en donde resuena la música del mundo y metros y rimas no son sino correspondencias, ecos, de la armonía universal".

5. Aquí, en conversación con Ivette Fuentes, hemos llegado a ver la vuelta del coro en las tragedias griegas, y de cómo ello daba lugar a lo que se llamaba *strophos*, de donde surge la medida de la estrofa poética. Aunque esto era más evidente en la danza, una vuelta encerraba como unidad el ritmo de la estrofa completa, y cada parlamento con sentido era el verso. Otro aspecto sustentador para la unión de la música y la poesía podría ser la estética experimental alemana del siglo XIX, cuando se estudiaba mucho el ritmo tanto en verso como en música. Karl Moritz decía que la tendencia innata del hombre era el movimiento, el salto, la danza, y eso también lo recoge Riemann para su tesis sobre la música. Lo importante aquí es que todos llegan a la base común de un ritmo humano que posibilita los estudios y las creaciones del arte y la literatura y, para este escrito, propicia el enlace comparativo entre José Lezama Lima y Aurelio de la Vega.

relacionaron en lo personal, sí formaron parte sustancial de esa Cuba secreta que encontró la escritora y filósofa española María Zambrano en su estancia de 13 años en la Isla.

Y es porque cuando la autora de *El hombre y lo divino*[6] conoció a José Lezama Lima, y a otros importantes poetas del grupo Orígenes, advirtió con seguridad que detrás de esa profunda impresión poética que pudo obtener de ellos, también se extendía —hacia una perspectiva más amplia—todo un enorme reservorio de valores culturales ocultos, aprisionados por un medio político y social mediocre[7]. En ese ámbito, además de la literatura y la filosofía, se

---

6 María Zambrano: *El hombre y lo divino,* México, Fondo de Cultura Económica, 1986.

7 Lezama y Orígenes fueron la antesala de su *Cuba secreta.* No obstante, María Zambrano, al tiempo que descubrió la Isla de una manera poética (hecho de por sí importante, al ver a una nación a través de la poesía y el arte), también tuvo que haber calado asimismo las otras muchas posibilidades de la Isla: esa planicie azul del mar que se ve desde cualquier azotea o edificio (a pesar de estar en todas partes, y asimismo por eso, por existir en todas partes); ese olor de agua salada, de algas y mariscos, de nenúfares marinos; esa luz de transparencia febril, que nos calcina y nos molesta pero que nos marca; por la complejidad de la gente, seres demasiados extremos, para bien o para mal; en fin, por ese olor a humanidad que se siente en todos los lugares de la Isla. Pero también por el poder intelectual y físico-espiritual escondido en cualquier escritor, o pintor, o músico, o deportista de barrio; esa mezcla de culturas que hacían de Cuba —en aquellos años— una ínsula universal. Y por todo esto, puedo añadir que tanto Lezama como Aurelio develaron ese secreto, ese misterio, que nada más que el arte y la literatura pueden sustanciar y traducir. Habría que recordar asimismo a Juan Ramón Jiménez cuando alguna vez habló de "arquitectura espiritual", aun cuando se refería a España, pero que siempre podría traducirse a Cuba, en cuanto era un sentido de construir algo a partir del espíritu. Y yo pienso que esta visión de los exiliados españoles, ellos la pudieron tener porque venían con una perspectiva foránea, pero con la impronta del arte y la poesía. Por otra parte, de lo que aún muchos otros extranjeros no se han percatado, es de ese sentimiento universal que tiene la aculturación de las razas que han confluido y confluyen en Cuba, como también puede pasar en Brasil

encontraban asimismo la pintura y la música clásica, y era en esta
última manifestación artística donde ya estaba sobresaliendo, entre
otros notables compositores, la figura de Aurelio de la Vega.

De una forma u otra, tanto en la vida republicana como después
del triunfo de la rebelión castrista, la bella imagen de una revolución
que degeneraría en un infame tiempo humano de largueza
aparentemente inexplicable, existieron (y todavía existen) creadores
que han sido ignorados, despreciados o minimizados por capillas

---

y en Estados Unidos, entre otros países. Junto a ello, y por ello, por la diversidad
de los seres y las cosas, pero además por la lucha racial e histórica de España, junto
al negro y en contra del negro, es por lo que de la Isla pueden salir grandes talentos
y, entre ellos, excelentes ingenios con dotes para la literatura y, por supuesto, para
la música, desde la más exquisita fineza hasta el ritmo más seco de un tambor. Esta
es —a mi modo de ver y a grandes rasgos—la *Cuba secreta* de María Zambrano:
la diversidad, donde no solo encontramos a Lezama y a Orígenes, sino que, en
ese camino oculto de los sentidos, nos topamos con un Aurelio de la Vega, un
Amadeo Roldán, un Leo Brower, así como con un Brindis de Salas y hasta con un
Benny Moré, o Celia Cruz o un Reynaldo Fernández Pavón, entre muchísimos
más. "Esa islita... tiene la magia de la creación", me comentaría alguna vez el propio
Aurelio de la Vega.

En resumen, esa Cuba secreta significó para la filósofa española María
Zambrano toda una revelación de su otro lugar en el mundo (el de ella). Reconoció
en Cuba su patria prenatal. Pero al mismo tiempo en que ella interpretaba su
renacer en Cuba, asimismo reconocía que el significado de ese secreto estaba en
lo poético —a mi modo de ver: lo poético como creación— como sustancialidad
de lo cubano. Esa sustancialidad estaba dada en los poetas origenistas, aun cuando
en mi muy personal interpretación, veo en ellos la potencialidad creadora que
siempre ha estado oculta en Cuba, incluso del sentido creador que ha reverberado
en muchos escritores, artistas y músicos cubanos, y, más que oculta, una enorme y
genuina esencia aplastada por toda una política egotista de lo superficial y vano, y
en los últimos 60 años, por un atoro cultural de ideología vulgar y populista.
En otro sentido ya, el de la amistad profunda entre María y Lezama, recomiendo
consultar el libro de ensayos de José Prats Sariol: *Leer por gusto* (Houston, Texas,
Ediciones Pluvia, 2015, pp. 73-87), en el que puede apreciarse la afinidad y mutua
simpatía entre ambos grandes de la cultura hispanoamericana.

de intelectuales oficialistas; y, de hecho, muchos escritores y artistas, después de 1959, sufrieron, han sufrido y sufren la censura del régimen de La Habana, y el desconocimiento por parte de autores que siempre le han hecho el juego al Gobierno que rige a Cuba, y que con ello han contribuido al congelamiento de importantes obras de valiosos intelectuales.

Así, víctimas de diferentes intereses políticos, sociales y extraliterarios, muchos intelectuales y artistas cubanos, exiliados por convicción, han sido desplazados (en su momento, Lezama, y hasta ahora, De la Vega) de altos niveles y decorosos lugares que han debido ocupar en la cultura cubana[8].

---

8 Esta constancia represiva, y fundamentalmente el hecho de la censura a todo tipo de movimiento disidente dentro de la Isla, es lo que podría llamarse, de una manera muy general, *insilio*. Ese silenciamiento, a veces, es incluso a conciencia del propio creador, cuando este no llega a exiliarse por diversas razones, entre ellas por el hecho de que sus obras se publican fuera de la Isla. Así tenemos que Dieter Ingenschay, de la Universidad Humboldt de Berlín, en uno de sus trabajos en línea: "Exilio, *insilio* y diáspora. La literatura cubana en la época de las literaturas sin residencia fija" [en Ángulo Recto. Revista de estudios sobre la ciudad como espacio plural, vol. 2, núm. 1. Buscarla en línea en la dirección electrónica: http://www.ucm.es/info/angulo/volumen/Volumen02-1/articulos02.htm], nos acerca a una breve definición del insilio, mediante un análisis en el caso del escritor cubano Pablo Juan Gutiérrez:

> Al otro lado de la escala —dice— encontramos a escritores que siguen viviendo en Cuba sin participar abiertamente en la discusión en torno al futuro del socialismo tropical, y ahora vuelvo, como había anunciado, al caso particular de Pablo Juan Gutiérrez, autor, entre otras, de novelas como *El Rey de la Habana* y *Trilogía sucia de La Habana*. Sus obras se encuentran en el límite de la pornografía cruda y son abiertamente machistas, racistas y misóginas. Gutiérrez es provocador hasta en la foto que le muestra desnudo en su balcón de la Habana Vieja, publicada en *Der Spiegel*, donde un artículo extenso se asombra de que este *enfant terrible* de las letras caribeñas no piense en exiliarse. Sin embargo, las novelas de Gutiérrez no están a la venta en la Isla, se comercializan exclusivamente

Por otra parte, esa pequeña isla que es Cuba, para lo bueno y para lo malo, se ha proyectado siempre en el mundo como un mágico yacimiento de exotismo, cuando más que todo debería verse como un lugar sensible y extremadamente creador. Un país, para muchos extraño y extravagante, donde nada pasa inadvertido y todo lo insólito y lo inusitado puede suceder; un país que, hasta 1959, fue un provechoso receptor de inmigrantes de gran variedad, la cual le otorgaba una enorme riqueza antropológica y humanística; un país, donde ha estado insertado siempre el hecho histórico que constituye la presencia de religiones sincréticas[9]—debido al auge

en el extranjero, y esta inhibición no se debe a su carácter pornográfico. En su análisis discursivo de la escritura de Gutiérrez, Isabel Exner (2005) demuestra la transgresión política que este autor logra codificar en sus narraciones políticamente tan incorrectas. En este sentido, Gutiérrez, inadvertido por su ciudad y su sociedad, es un ejemplo típico de *insilio*, un escritor que prefiere el silenciamiento (siempre relativo) al exilio (siempre total).

En el caso de Lezama, después de la publicación de *Paradiso*, este pudo ser considerado un insiliado; mientras que Aurelio, desde que se marchó de Cuba, pasó a ser un exiliado.

9 "Cuba es hogar de una gran variedad de religiones sincréticas de origen cultural provenidas, en gran parte, de África. Según un informe del Departamento de Estado de los Estados Unidos, algunas fuentes estiman que el 80% de la población cubana actual consulta con los practicantes de religiones que tienen sus raíces en África occidental, como la santería yoruba. La santería se desarrolló a partir de las tradiciones de los yoruba, uno de los pueblos africanos que fueron llevados a Cuba durante el siglo XVI, y a través del siglo XIX, para trabajar en las plantaciones de azúcar. La santería mezcla elementos del cristianismo y de creencias de África occidental. Esto hizo posible que los esclavos conservaran sus creencias tradicionales mientras practicaban el catolicismo. La Virgen de la Caridad del Cobre (Nuestra Señora de la Caridad) es la patrona católica de Cuba, y es muy venerada por el pueblo cubano y vista como un símbolo de Cuba. En la

que alcanzó allí la esclavitud, desde el siglo XVI hasta el XIX— y, al mismo tiempo, por su situación geográfica, que ha dado lugar a multitudinarios encuentros étnicos, económicos y, en general, culturales.

Y es por esta otra característica del "encuentro"[10] que Cuba ha logrado tener una enorme riqueza cultural de la cual sobresale su alta capacidad para las distintas artes y la literatura.

Es incuestionable que en la Isla se ha desarrollado una mezcla increíble de razas, transculturación que ha devenido en una eclosión de talentos por esa fusión genética de jovialidad y ocurrencia, de inteligencia y pasión y, también contrariamente, de ignorancia y desfachatez, de doble moral y de oportunismo, así como por los más descabellados mitos políticos.

Y todo ello —incluso con los defectos mencionados— ha contribuido a crear siempre un sentido de atracción para el turista extranjero que busca visitarla; incluso durante estos 60 años y más de dictadura que ha creado un pueblo adormecido hasta límites insospechados, además de aberrantes políticas de los diferentes gobiernos estadounidenses y españoles —sin contar con la siempre insólita, por incomprensible, anuencia de la Unión Europea hacia el régimen. Esta culpa repartida ha llevado al país a la ruina y a una miseria absoluta, así como a un turismo político, de exotismo y de tráfico sexual.

Todavía, ahora, esa atmósfera de magia marchita y de pueblo hechizado sigue saliendo del temperamento (aun cuando ya

santería, ella es sincretizada con la diosa Oshun. La importante fiesta religiosa de la Virgen de la Caridad del Cobre es celebrada anualmente por los cubanos los 8 de septiembre". (Fuente: "Religión en Cuba", *Wikipedia*).

10 Además —como ya dije en nota anterior—, de su diversidad racial, su mar y su luz, entre otras cosas.

altamente resignado) de los cubanos en casi todas las ciudades de la
Isla. A no dudar, del entrelazamiento de culturas (Mijaíl Bajtín)[11] y
de la combinatoria genética (por esa inmigración que caracterizó a
Cuba hasta 1959), es por lo que puedo repetir que esa Isla ha sido
tan pequeña por fuera y tan grande por dentro. Es verdad también
que, de la complejidad del cubano y aparte de los tantos defectos que
podamos reconocernos, existen en nuestra estructura antropológica
y psicosociológica virtudes que todavía nos quedan, complejas
virtudes, digamos, por las cuales se ha podido contar con grandes
figuras de la cultura, hasta cimeras por ser de niveles mundiales,
como son los casos ya mencionados de José Lezama Lima y de
Aurelio de la Vega.

Una misma época

Nacionalismo cultural

Un paralelo entre las dos figuras de Lezama Lima y de Aurelio de
la Vega, como el que intento en mi ensayo, no puede dejar pasar el
hecho de retomar una misma época (1937–1959) vivida por uno y
otro autor; lapso cultural —explosivo y lleno de creatividad— que
podría situarse, para escoger una fecha, a partir del suceso de 1937 (o
sea, el nacimiento del primer poemario de José Lezama Lima, *Muerte
de Narciso*)[12] hasta llegar al espacio temporal que culminó en 1959

11 Mijáil Bajtín (1895–1975). Crítico literario ruso, teórico y filósofo del
lenguaje. "Su pensamiento supone una innovación respecto al carácter discursivo
unidireccional, impositivo y dominador de la retórica clásica y alumbra una
construcción participativa, integradora, social, en la que cabe la diversidad, la
multiplicidad de voces, el escenario polifónico, en la que muchos autores ven
rasgos que anticipan las futuras derivas de los estudios culturales". *Wikipedia*.
12 Este año de 1937 fue importante para Lezama no solo porque publicó su
primer libro como ya dije, *Muerte de Narciso*, sino porque además vio la luz su

con el triunfo de la rebelión castrista. En esos 22 años ocurrieron importantes acontecimientos para los dos creadores.

En esta relación de época, Lezama Lima desarrolló toda su labor creativa en La Habana, mientras que Aurelio de la Vega lo haría en la capital años más tarde tras regresar de Los Angeles, donde estudió con el afamado compositor vienés Ernst Toch. Los dos creadores fueron grandes innovadores en la poesía y en la música de arte, respectivamente. Uno y otro tuvieron que luchar por expresar sus nuevos sistemas creativos ante una totalidad cultural que, independientemente de contar con unas cuantas obras de indiscutibles excelencias, pretendía resaltar elementos telúricos y étnicos (en algunos casos urbanos), y la literatura y la música mantenían claras referencias a diversos argumentos y temas muy locales.

Este localismo —independientemente de la riqueza cultural que propiciaba—, por otra parte, contribuía, en lo general, a mantener a Cuba aislada de otras muchas frescas resonancias artísticas que se daban en el mundo, y dejaba de tener, muchas veces, las influencias necesarias para hacer que las propias raíces de la cultura cubana pudieran fundirse con lo nuevo, tanto en la literatura como en la música y las demás artes.

En cuanto a la composición musical, propiamente, y en lo particular, en el caso de las nuevas armonías, ritmos, tonalidades y polifonías, Aurelio de la Vega marchaba en contra de la corriente local de aquellos tiempos.

Por su parte, Lezama Lima buscaba "lo cubano" no en la cultura que reverenciaba de manera exclusiva lo nacional del país —aun

revista *Verbum*, y conoció al poeta y escritor español Juan Ramón Jiménez, premio Nobel en 1956, con quien forjó una sensible amistad. Al año siguiente se recibió de abogado y apareció su libro *Coloquio con Juan Ramón Jiménez*.

cuando esa cultura de "lo nacional" estaba bullente de excelentes obras en poesía, narrativa y ensayo, e incluso en creaciones de música popular y de arte— si no en la esencia de una historia nativa engarzada en el ancho marco de la universalidad.

En lo que se refiere particularmente a Lezama, y haciendo énfasis en su afán totalizador, este buscó —más allá de la visión costumbrista y criollista de esos años, incluso de las vanguardias sociales y políticas que un tanto caracterizaban la época— lo que sería un arte y una literatura universales de "lo cubano", tomando en cuenta las existencias y las cualidades de otras grandes culturas del planeta[13].

Para el autor de *La expresión americana* lo que sucedía en la literatura de esos tiempos no era más que un impresionismo impregnado de textos de baja intensidad —con sus muchas excepciones, claro está— que solo podía conducir a extremos que no permitían darle alas a la imaginación.

---

13 Consúltese el amplio ensayo de José Prats Sariol: "Orígenes", en su libro *Lezama Lima o el azar concurrente*, Richmon, Virginia, USA, Editorial La Casa Vacía, 2017, p. 88 y siguientes. En este trabajo Prats Sariol —hablando de *Espuela de Plata*, la revista número uno— cita las máximas de "Razón que sea" y reflexiona sobre el carácter de universalidad de Lezama y de aquella publicación como preámbulo de *Orígenes*. En cuanto a la música y *Orígenes* (la revista) véase la página 97 (en este ensayo mencionado de Prats Sariol) que demuestra el interés de esta publicación por la música de arte y su relación con una serie de grandes creadores del momento. Es importante también consultar en la página 100 del ensayo mencionado la valoración que se hace de *Orígenes* como "rescate de lo cubano", y de cómo Cuba en aquellos tiempos ya "puede exhibir una publicación periódica a la altura de las mejores del planeta". Consúltese, asimismo —páginas adelante— mi nota sobre el grupo Orígenes.

José Lezama Lima.   Aurelio de la Vega.

Coincidencias y búsqueda de lo universal

En realidad, se dieron muchas coincidencias entre estos dos creadores[14], como es el hecho de que desde sus años jóvenes —y en concomitancias— ambos desarrollaron un estilo creativo muy propio de cada uno, de cierta cercanía con lo hierático y aparentemente impenetrable, que los identificaba notoriamente y los mantenía aparte de los poetas y compositores del momento. Tanto Lezama Lima como De la Vega se adentraron en un gran afán ecuménico. El poeta de *Aventuras sigilosas* se acercó al barroco español, a Góngora, a Rimbaud, a T. S. Elliot, mientras que De la Vega hurgó en el último Beethoven, en Mahler, en Szymanowski, en Schoenberg y en Berg.

En esta concurrencia de propósitos que marca el estilo de Lezama y el de De la Vega —rasgos que los conminó a buscar una cultura del

---

14 Y esas "coincidencias", de hecho, justifican este trabajo, y servirán de proyección histórica para la literatura y la música, mostrando una vez más la connotación creativa de Cuba para uno y otro género, que en esta época aúnan sus respectivas importancias a través de los dos autores mencionados.

mundo y el deseo explícito de avanzar en una renovación hacia la trascendencia de la literatura y de la música cubanas— es la de que ambos se expresaban en un lenguaje innovador muy abstracto, incluso complejo, totalmente alejado de lo fácil y de lo comercial. Esta actitud, además de estilística era iconoclasta en su contenido, y no venía a ser simples poses por parte de dos intelectuales culteranos, sino que eran estilos auténticos propios de la naturaleza del uno y del otro.

En cuanto a las coincidencias entre Lezama Lima y De la Vega, aun cuando fueron dos grandes creadores que no se encontraron de manera personal, toman connotación las palabras de otro conocido compositor como Reynaldo Fernández Pavón, cuando recuerda una visita que le hizo al autor de *Fragmentos a su imán*:

Tuve la impresión —cuenta Fernández Pavón— de que en el epistolario se encontraba el aire que faltaba a su respiración ruidosa, pero puedo asegurar que hablaba de esos temas con un sentido del humor criollo que nada tiene que ver con la imagen de personaje inalcanzable, inventada por la cultura oficial, y reforzada por algunos círculos de interés literarios que han contribuido (con intención o sin ella) a que este escritor haya sido en su momento absolutamente desconocido entre cubanos.

Al saber que estudiaba música y letras me habló de Leonardo Acosta; sabía que este musicólogo escribía un libro sobre el barroco de Indias, y del compositor Aurelio de la Vega, que nunca nos mencionaron en las clases de Historia de la Música, en el conservatorio, y quien, desde finales de la década del 40, componía música serial con el sistema dodecafónico. "Leonardo Acosta y Aurelio de la Vega son los músicos que más se acercan conceptualmente a Orígenes", afirmó Lezama.

Lezama escribía refugiado en un insilio desde la época del llamado "quinquenio gris", la etapa más intolerante de la política cultural del régimen totalitario de la Isla, y este hecho existencial es fundamental para el análisis y comprensión de su poesía, decía Fernández Pavón, y citaba a Lezama: "Lo esencial del hombre es su soledad y la sombra que va proyectando en la pared". Cada verso de Lezama integra la compleja significación total de su obra, incluido *Paradiso* (1966), su gran poema de la narrativa[15].

Puede decirse que, sin lugar a duda, nuestros autores (Lezama Lima y De la Vega) insistieron con vehemencia en una renovación radical de la música y la literatura, desde una perspectiva en la que elementos de lo cubano se fusionaran con otros de carácter universal[16]. Insisto en ello, porque creo es la característica más importante que une a Lezama con De la Vega, expresada en un bregar incesante ante el negativo contexto social y político que les rodeó.

Para Lezama esta época fue de una indiscutible creatividad. Importantes revistas creadas por este autor vieron la luz y, con el paso de los años, las mismas se cargaron de un significativo valor histórico para la cultura cubana de todos los tiempos (*Verbum*, 1937; *Espuela*

---

15 Puede leerse el testimonio completo de Reynaldo Fernández Pavón en *Palabra Abierta* (10/12/2017), en: http://palabrabierta.com/el-jose-lezama-lima-que-recuerdo/.

16 Hay piezas de Aurelio de la Vega en las que el autor usó determinados elementos composicionales de la música cubana popular. Obras como la *Leyenda del Ariel criollo* lo atestiguan. Por otra parte, puede consultarse el trabajo de Remedios Mataix: "La escritura de lo posible. El sistema poético de José Lezama Lima", se puede encontrar en la Biblioteca *Virtual Miguel de Cervantes*: http://www.cervantesvirtual.com/obra-visor/la-escritura-de-lo-posible--el-sistema-potico-de-jos-lezama-lima-0/html/ff2fbdf8-82b1-11df-acc7-002185ce6064_58.htm.

de Plata, 1939-41; *Nadie parecía*, 1942-44, y en 1945, la revista *Orígenes*, que duró hasta 1956). Asimismo, libros como *Muerte de Narciso*, 1937; *Enemigo rumor*, 1941; *Aventuras sigilosas*, 1945 y *La fijeza*, 1949, colocaron el nombre de Lezama en los más altos niveles de la poesía surgida en el país.

Dos de sus ensayos, también de esa época, *Arístides Fernández* (1950) y *Analecta del reloj* (1953), prepararon el camino del Lezama ensayista, que más tarde (1957) dictaría esenciales conferencias en la Universidad de La Habana. Estas disertaciones y ponencias suyas fueron recogidas en su libro *La expresión americana* (de ese mismo año 1957), volumen en el que se darían a conocer de manera sustancial conceptos acerca de Cuba y del mundo, y que se proyectarían a través de una visión sistémica de poesía e imagen.

Todo ello, durante esos años y en su conjunto, contribuyó a definirle como uno de los más reconocidos exponentes de la literatura cubana. Pero como si esto fuera poco, la creación del grupo Orígenes[17], fundado y dirigido por Lezama, unificó un considerable

_____

17 "Orígenes, en contra de toda profanación extranjera, hizo, mediante la creación y la reflexión imaginativas, su propuesta nacionalista de buscar y encontrar las raíces de lo cubano para reafirmar la identidad, pero con una visión enfocada asimismo hacia lo universal. Fue una combinación de lo local con lo primordial de la cultura del mundo, y de este modo se constituyó en una respuesta al avance terrible de un proceso de corrupción en lo económico, político, social y cultural, que venía perfilándose ya en toda Cuba. En este sentido, parece que Lezama y Orígenes, sin saberlo, se mostraron tan preclaros como los profetas antiguos".

"Entre los posibles postulados del grupo Orígenes también se encontraba el aspecto de ser una reacción contra la cultura de masas, contra esa mediocridad que ya desde hacía años venía frustrando a la intelectualidad cubana, y que toma fuerzas en el llamado 'quinquenio gris' (que en lo particular pienso que no fue un 'quinquenio', y mucho menos resultó ser 'gris', sino que fue —ha sido y es— un verdadero *impasse* de muchos años en contra de la libertad de expresión y del ser humano, por lo que debería nombrarse la 'era oscura'). Es por ello que,

grupo de autores, con indudable valía literaria y artística que representó una de las cimas más altas en la historia del arte y las letras cubanas. De Orígenes ha dicho el poeta y ensayista Jorge Luis Arcos:

> Orígenes (...) constituye el movimiento poético más importante de la cultura cubana, y no solo por la profusión de sus poetas, ni siquiera por su calidad, sobre todo, porque fue el primer movimiento que dotó a la poesía cubana de un carácter cosmovisivo, que profundizó en el conocimiento de la realidad desde un irreductible conocimiento poético, y, desde él, fijó en imágenes perdurables, universales, nuestra sustancia, nuestro ser insular[18].

Por su parte, Aurelio de la Vega, desde su juventud, comenzó a mostrar —al igual que Lezama— un diáfano interés por el concepto, la búsqueda de nuevos recursos, las emociones poéticas y el virtuosismo como elemento discursivo en sus composiciones. Desde el principio, De la Vega va a crear obras que surgirían del contexto

---

después de un alienante proceso de masificación literaria y artística del 'realismo socialista' en Cuba, el reconocimiento de los principios estéticos de Orígenes y de Lezama Lima ha vuelto a esgrimirse —por parte de muchos escritores, ensayistas y críticos literarios cubanos, entre los que destacan siempre creadores de las nuevas promociones— como una fuerza aglutinante en busca de recuperar la identidad perdida, sin que esta reacción en nuevos escritores significara 'elitismo'". Consúltese a: Manuel Gayol Mecías: "José Lezama Lima y el asombro de lo invisible", en *Otro Lunes*, septiembre 2008, a. 2, n. 4, donde dice" ("La búsqueda de los orígenes") [http://otrolunes.com/archivos/04/html/este-lunes/este-lunes-n04-a10-p02-2008.html]. El grupo de Orígenes estuvo formado, además de Lezama, quien fue su líder, por reconocidos poetas y pintores cubanos como Gastón Baquero, Eliseo Diego, Cintio Vitier, Fina García Marruz, Virgilio Piñera, Octavio Smith, Mariano Rodríguez y René Portocarrero, entre otros.

18 Jorge Luis Arcos. *Orígenes: la pobreza irradiante*, La Habana, Editorial Letras Cubanas, 1994 [Ver el ensayo "V. María Zambrano y la cultura secreta", pp. 90-1].

en el que ya Lezama, en su *Fragmentos a su imán,* proyectaba una profunda riqueza enciclopédica dirigida hacia un encuentro con lo universal.

El mismo Aurelio de la Vega ha hablado sobre el nacionalismo de su primer tiempo, en la ya expuesta entrevista realizada por la revista digital *Palabra Abierta*.[19]

De esta época son obras como *Preludios* (1, 2, 3), para piano (1944); *La fuente infinita*, ciclo de canciones para soprano y piano (1944); *Dos movimientos para cuarteto de cuerdas* (1945); *Rondó en Mi bemol*, para piano (1947); *La muerte de Pan*, para violín y piano (1948); *Trío* para violín, violonchelo y piano (1949); *Soliloquio*, para viola y piano (1950); *Obertura a una farsa seria*, para orquesta (1950), composición inspirada en la obra teatral *Frenesí*, de Charles de Peyret Chappuis; *Introducción y episodio*, para orquesta (1952); *Epigrama*, para piano (1953); y *Leyenda del Ariel criollo*, para chelo y piano (1953) (que obtuvo el Premio Virginia Colliers de 1954). Ese mismo año de 1954 vio la luz *Elegía*, para orquesta de cuerdas y, doce meses después, el *ballet Débora y Traulio*, y ya en 1956 *Divertimento*, para violín, violonchelo, piano y orquesta de cuerdas, y *Danza lenta*, para piano. En el año 1957 ve el nacimiento de la *Toccata*, para piano, y del *Minué*, también para piano. Y es en ese mismo año que De la Vega emigra a Estados Unidos. Se localiza de nuevo en Los Angeles, donde meses después va a escribir una de las obras fundamentales de su carrera creativa, el *Cuarteto en cinco movimientos In memoriam Alban Berg*, una de sus obras más tocadas y conocidas. Será esta su

---

19 Ver: Manuel Gayol Mecías: "The Nature of my Music is a Reflection of my Self: Aurelio de la Vega" ["La naturaleza de mi música soy yo mismo, Aurelio de la Vega". Entrevista. Traducción al inglés por Aurelio de la Vega], en *Palabra Abierta* [http://palabrabierta.com/the-nature-of-my-music-is-a-reflection-of-myself-aurelio-de-la-vega/]. También la interviú aparece en este libro de manera bilingüe.

primera obra totalmente dodecafónica. Junto al *Quinteto de Alientos* de 1959, estas dos composiciones fueron las primeras escritas ya fuera de Cuba, adonde De la Vega no regresará más.

Sin duda alguna este cúmulo de obras debió impresionar no solo por su cantidad, sino, además, y principalmente, por su calidad y por las propuestas en extremo revolucionarias para la música de arte que se hacía en esos momentos en Cuba[20].

Grupo Orígenes. En el centro el sacerdote Ángel Gaztelu. (Arriba)
Lezama es el cuarto de izquierda a derecha.

En el caso de Lezama, su mirada, a través del barroco hispano, estuvo dirigida hacia todo aquello que se relacionara con Cuba, pero que al mismo tiempo pudiera ligarse a lo universal, y que de una manera u otra se enlazara con el verdadero carácter multidimensional que siempre palpitó y aún vibra en la cultura cubana. Fue una manera lúcida de ver la nación como una identidad en evolución, que se buscaba tanto en un universo físico del mundo como en una dimensión imaginaria de las más altas y fecundas obras de la humanidad.

20 Ver la mencionada entrevista de Gayol a De la Vega, y se podría considerar un poco más la visión del compositor en aquellos tiempos.

Libertad y rebeldía

Una característica lezamiana, y de todo el grupo Orígenes, era el fuerte sentido de libertad que, en su proyecto de universalidad para lo cubano, anidaba en ese conjunto de creadores. Para el grupo Orígenes, la libertad venía a ser como el Logos para Heráclito, en cuanto a la necesidad de orden y fluidez para los elementos implicados en cualquier creación. La libertad era, en cada uno de los creadores origenistas, el reglamento imprescindible para que el grupo se proyectara como guía, inteligencia y pasión de una cubanidad siempre en progresión[21]. Así puede verse el primer editorial de la revista *Orígenes,* el cual se torna manifiesto:

> El respeto que merece el hombre afanoso de acercarse a esa creación, cuya obra tiene que desenvolverse dentro de una ganada libertad, engendrando en consecuencia la justicia que nos interesa, que consiste en dividir a los hombres en creadores y trabajadores, o, por el contrario, en arribistas y perezosos. La libertad consiste para nosotros en el respeto absoluto que merece el trabajo por la creación, para expresarse en la forma más conveniente a su temperamento, a sus deseos o a su frustración, ya partiendo de un yo más oscuro, de su reacción o acción ante las solicitaciones del mundo exterior, siempre que se manifieste dentro de la tradición humanista, y la libertad que se deriva de esa tradición que ha sido el orgullo y la apetencia del americano[22].

---

21 José Prats Sariol ("Orígenes"), *op. cit.,* p. 94, en el que se cita a Lezama y se puede apreciar su no comunión, y la del grupo Orígenes, con la mediocridad y corrupción de la sociedad y el ámbito político del momento.

22 *Orígenes,* a. 1, n. 1, La Habana, 1944.

Esta idea de la libertad, a mi modo de ver, es esencial para toda diversidad en evolución. En esta línea, Orígenes buscaba una evolución que imbricara ingredientes y fundamentos de asuntos y cuestiones en todas las categorías humanas que la Isla pudiera abarcar, en un tránsito de inserción hacia temas y aspectos de una cultura mundial[23]. En relación con ello, podría decir que, de alguna manera, Lezama Lima, Rodríguez Feo y los demás escritores y artistas de ese grupo se adelantaron a lo que hoy en día entendemos como globalización, visto desde una perspectiva ideoestética, por supuesto, y no solo política ni económica.

En mi criterio, Cuba, por su situación geográfica —que la ha impulsado siempre por un encuentro de razas de una amplia diversidad—, además del cruce primordial del español y el negro africano, así como muchas otras razas que se incorporaron a la vida en la Isla, ha tenido siempre una identidad en progresión, como si análogamente habláramos de un "ser y no ser" que se va dando en el devenir del cubano.

Es legítimo pensar que en Lezama esa característica en su obra toda y en la proyección de sus revistas, se manifestaba también profundamente en las composiciones de De la Vega[24]. Apuntemos

---

23 Decía Lezama: "...aquellas fuerzas de creación, de todo fuerte nacimiento donde hay que ir a buscar la pureza o impureza, la cualidad o descalificación [...] siempre que se manifieste dentro de la tradición humanista, y la libertad que se deriva de esa tradición". Ver en José Lezama Lima: *Orígenes, op. cit.*, pp. 5-7.

24 En el caso de nuestro compositor, en cuanto a la rebeldía, puede verse el vídeo del importante documental realizado por el cineasta cubano Camilo Vila (y narrado por Andy García): *Aurelio: Rebel with a Cause*. Asimismo, el trabajo crítico de Manuel Gayol Mecías: "Emotion, Intellegence, Rebellion and Motivation in Aurelio De La Vega, in the documentary by Camilo Vila", en la revista digital *Palabra Abierta* [http://palabrabierta.com/emotion-intelligence-rebellion-and-motivation-in-aurelio-de-la-vega-in-the-documentary-by-camilo-vila/]. Puede

que ese accionar de libertad creativa, tanto para el uno como para el otro, significaba asimismo "rebeldía". En Lezama, esa libertad de escribir como quería, y perseguir los rasgos cubanos que muy bien se pudieran insertar en el mundo occidental y más allá aún, le fue mostrando como un opositor ideológico en potencia ante el régimen castrista y sufriría un casi total ostracismo. Así su desconcierto, desilusión y miedo le convertirían en un apestado, después de la publicación de su novela *Paradiso* (1966).

Por su parte, De la Vega había sido en los finales de la década del 40 y en toda la del 50 un reacio y contestatario compositor, como ya dije, ante las directrices musicales de esos tiempos, y se aparecía con creaciones no aceptadas ni agradables para un grueso número de músicos en ambas décadas[25]. Es importante mencionar que contrariamente a Lezama, De la Vega nunca sintió su libertad creativa ni personal limitada (o hasta asfixiada) por un régimen político totalitario, ya que tuvo una temprana intuición que lo alejó de Cuba tras la toma de poder de la rebelión castrista.

Quizás en Lezama la rebeldía no se veía tanto debido a que sus obras literarias tenían un proceso de creación y de consumo más lento que las obras musicales de De la Vega, y la crítica, por tanto, necesitaba una cierta espera. No obstante, cualquiera de los libros

---

leerse en español e inglés en este mismo libro: "Emoción, inteligencia, rebeldía y causa en Aurelio de la Vega, en el documental de Camilo Vila".

25 Yo inventé y viví una historia diferente. Cuando todos tocaban tambores se me ocurrió ser alemán. Pensé que una buena dosis de inmersión en el mundo musical teutónico [... me permitía] a modo de escape, descubrir las maravillas técnico-sonoras de la *Salomé* de Strauss, deambular por los laberintos de las *Variaciones sinfónicas* de Schoenberg o entrar en los portales exaltados del Concierto *de violín de Berg*; por otro lado, me proveía una plataforma sólida desde donde lanzar mi propia idea de una revolución musical local". Ver su "Nacionalismo y universalismo", en *Encuentro*, No. 20, primavera de 2001, p. 49.

de Lezama precisaba de un esfuerzo intelectual y de una alta cultura para leerlo y entenderlo y, por ende, su estilo hermético se hacía poco asimilable para muchos escritores e intelectuales oficialistas. Esto, por supuesto, lo clasificaba, dentro de la "revolución", como un libertino revoltoso que no se adaptaba a las líneas dictadas por el régimen, promulgadoras de una poesía y narrativa coloquiales y de realismo socialista.

En el caso de De la Vega, la libertad de creación fue explícita, ya que obedecía a un temperamento probablemente un poco más dado a la polémica y, en general, a una iconoclastia más expresiva. Hay otro párrafo en que nuestro compositor lo expresa con claridad:

Si mis colegas cubanos empleaban maracas en sus obras, a mí se me antojaba pulsar las cuerdas del arpa del piano; si creaban habaneras sinfónicas, yo escribía quintetos de viento pantonales; si confeccionaban sonatas cubanas "a lo Scarlatti", yo me encaprichaba en inventar vastos frescos sonoros mahlerianos. En medio de la década de los 50 me sentía totalmente aislado: el público en general estimaba que yo era un atrevido enajenado sin redención posible, los colegas musicales me acusaban de ser anticubano, y unos cuántos de los intelectuales, que me toleraban condescendientemente por no creerme estúpido, me daban amables golpes en la espalda y me recomendaban solemnemente que estudiase más los escritos de los padres de la Patria, de Saco a Martí, de Luz y Caballero a Sanguily[26].

La lucha de José Lezama Lima y de Aurelio de la Vega era contra el riesgo del nacionalismo en todos los sentidos, y principalmente en

---

26 *Encuentro, ibidem.*

sus exageraciones. El nacionalismo radical en sus ansias de imponerse como poder en lo político y cultural no conduce sino al aislamiento. Y el aislamiento nunca ha sido bueno. Esto no quiere decir que, en lo cultural, resultados de esta naturaleza y sentimiento no dejen de crear grandes obras y hasta logren la representatividad de un país. Reconozco que, en lo cultural, puede darse un nacionalismo positivo en cuanto este intenta y obtiene —desde las raíces que contengan una posible visión cósmica— entablar un diálogo con lo universal y, de hecho, conquistar un lugar egregio. Pero la persistencia de un nacionalismo excluyente, drástico, y con un fanatismo enraizado en lo local, difícilmente puede alcanzar la grandiosidad de lo histórico. Desde esta perspectiva, debemos entender el enfoque amplio que De la Vega realiza de este concepto:

Yo propuse, aún antes de que los pintores abstractos cubanos hiciesen su aparición, que Cuba debía alejarse de un nacionalismo musical a ultranza, rompiendo cadenas y fronteras, para inventar un sonido que fuese más allá de la imagen turística de postal de correo con que el paternalismo cultural-colonialista europeo y norteamericano bautizaba a todo producto musical latinoamericano. Quería crear una música que fuese tan importante por ella misma, tan nueva y tan universal, que se sustentara por sus valores técnico-estéticos propios en la escena internacional; una música, en fin, que sin inmediatamente reconocibles *cha-cha-chás* y *montunos* fuese, sin embargo, intrínseca y esencialmente cubana simplemente porque su autor nació cubano; una música que destilase sus características nacionales transformándolas e insertándolas, a través de un complejo proceso de ósmosis, dentro del vocabulario universal, ecuménico y vanguardista de la música clásica occidental de nuestro tiempo[27].

El laberinto hermético

En cuanto al hermetismo en ambos autores, encontramos que en ellos se despliegan incontenibles deseos de abarcar el mundo; y es este afán por lo universal —a mi modo de ver— lo que les hace transitar un camino de búsqueda laberíntica. En este caso serviría decir que lo fácil siempre tiene una dirección directa, llana, con poca o ninguna digresión, mientras que lo difícil cuenta con senderos sinuosos, ondulantes, serpenteantes y con todas las desviaciones que puedan ocurrir (sin querer desdorar ninguno de los dos estilos de escribir, el racional y el hermético); y ello es la particularidad de lo que sería un dédalo cultural, un almacenamiento de inteligencia y discernimiento con erudición y pasión, un enciclopedismo que se organiza de manera mental para actuar intuitivamente.

En Lezama predominó el deseo constante de encontrar lo primordial del mundo incrustado en la historia y la antropología del cubano, puesto que siempre consideró a Cuba insertada en este planeta, principalmente por su diversidad, y viceversa. De

---

27 *Encuentro, ibidem.* En realidad, el concepto de nacionalismo es complejo. En algún momento he dicho que acepto, fundamentalmente en la música y la literatura, un cierto nacionalismo armónico, de corte positivo, que pueda mostrar al mundo algo muy característico de nosotros y que, al mismo tiempo, sea capaz de ser visto en el extranjero no solo como una típica raíz folklórica agradable, curiosa, con temas, estructuras y recursos que puedan hablar con propiedad de nuestra historia, sino además que esté calificado y sea idóneo para proyectar algo nuevo a la cultura musical o literaria mundial, tal cual nosotros podríamos ver y asimilar lo que nos llegue de Berlín, Viena o París. Pero cuando se nos mira como exclusivamente nacionalistas, como exóticos nada más, entonces muy bien pasamos a ser entes, y un lugar, la Isla, para divertirse y pasar el rato.

esto puede bullir el sentido cosmovisivo, totalizador, de su novela *Paradiso* y, por supuesto, sus más enigmáticos poemas. En ello empleó todo su enciclopedismo y un desbordante sistema de imágenes barrocas, más la profunda oscuridad de su imaginario en la prosa y la poesía, por su abundancia lexical y su búsqueda de trascendencia en el tiempo, en las metáforas, en los mitos y en las imágenes que también cumplen con lo afectivo que había en él, en una indagación también hacia lo culto sin dejar de reconocer lo extraordinario de lo popular[28].

El laberinto mental de estos dos creadores es de una profunda capacidad memorística e intuitiva que no solo combina el razonamiento con la memoria, sino además propicia la sensibilidad de la emoción humana que requiere el poema o la escena narrada, o el sonido preciso en el ramillete de notas de una tesitura. Lezama, a la hora de escribir poesía o narrativa, tenía el don de recordar o intuir el mito preciso para una comparación descriptiva o, asimismo, el concepto antiguo de una palabra desconcertante.

En lo referente a De la Vega, este imagina el sonido como la acción de un sentimiento y hasta de una historia recordada, y lo obtiene a través de un proceso mental por una imagen anecdótica, en muchos casos, al desempolvar y añorar algún tema medieval o griego; estos son los casos, por ejemplo, de *La leyenda del Ariel criollo*, de *Débora y Traulio* y de *Labdanum*, entre otras obras.

---

28 Aquí propongo la lectura de *La cantidad hechizada*, libro en el que Lezama se ocupa de temas universales y en el que aparece el texto de "Las eras imaginarias" (sobre China, los órficos y los egipcios). Todo esto apoya la idea en la búsqueda de universalidad de Lezama, la que hace un paralelo con De la Vega, en el sentido de que ambos exploraban ámbitos (de contenidos, formas y sonidos) más allá de lo que ofrecía el contexto cubano.

Aislamiento y censura

En realidad, como ya he referido, tanto Lezama Lima como De la Vega se convirtieron en figuras controvertidas dentro del entorno creativo y social de La Habana, en buena parte de finales de la primera mitad del siglo XX. En el caso de De la Vega se le aisló del escenario musical de su país desde mucho antes del comienzo del castrismo, en medio de un localismo exacerbado.

"En los últimos años de la República, Lezama y yo fuimos aparentemente respetados por alguna parte de la élite intelectual cubana, que nos aplaudía, pero que en esencia no nos entendía", me dijo una vez De la Vega. En verdad, parece haberse dado una cierta apatía hacia ambos y, como conozco siquiera un poco el mundillo de los intelectuales, no descuento que entre telones hayan existido burlas y vituperios.

En este sentido resalta el hecho de que a De la Vega nunca le propusieron pertenecer al Grupo de Renovación Musical que estuvo liderado por José Ardévol, el músico catalán que arribó a Cuba y llegó a convertirse en director de la Orquesta de Cámara de La Habana. De aquí podría colegirse que la sonoridad dodecafónica de nuestro compositor, atonal y aleatoria, con influencia germánica, debió crispar el ambiente en la música de concierto de la Isla en ese entonces[29].

Ambos creadores fueron duramente criticados en sus respectivos momentos: detracción, reproches (a menudo sarcásticos), así como acerados dardos y hasta insultos sazonados con toda clase de epítetos.

---

29 Prueba de ello es que en el volumen de Harold Gramatges, *Presencia de la Revolución en la música cubana*, no se menciona a Aurelio de la Vega ni siquiera al pasar, hecho que, en la historiografía de concierto en la Isla, se convierte en un búmeran para el propio Gramatges y otros historiadores que debieron haber tenido el criterio ético de incluirlo, aun cuando no comentaran sus amplios valores composicionales.

Junto al grupo Orígenes y su revista[30], Lezama Lima rechazó la mediocridad de lo superficial local, además de sentir una enorme frustración por la pérdida de los valores políticos y sociales durante la vida republicana y, de seguro, una mayor desilusión por la implementación de un sistema estalinista-castrista en la medida en que iban pasando los años de las décadas del 60 y 70 que le tocó vivir.

---

30 *"Orígenes* [la revista] publicó solamente materiales inéditos, tanto colaboraciones como traducciones. En sus páginas aparecieron cuentos, poemas, crítica teatral y literaria, trabajos sobre artes plásticas, estética y música. En ella se dieron a conocer las últimas corrientes literarias europeas. También colaboraron Alejo Carpentier, Roberto Fernández Retamar, Fayad Jamis, Samuel Feijóo, Eugenio Florit, Enrique Labrador Ruiz, Lydia Cabrera, Virgilio Piñera, Cleva Solís y otros muchos. Entre los colaboradores extranjeros se encontraban Juan Ramón Jiménez, Aimé Césaire, Paul Valery, Vicente Aleixandre, Albert Camus, Luis Cernuda, Paul Claudel, Macedornio Fernández, Paul Eluard, Gabriela Mistral, Octavio Paz, Alfonso Reyes y Theodore Spencer, entre otros. Sus números fueron ilustrados por destacados pintores cubanos como Amelia Peláez, Wifredo Lam, René Portocarrero, Mariano Rodríguez y Carmelo González. Al mismo tiempo que la revista, aparecieron las ediciones Orígenes, en las que se publicó gran parte de la obra literaria de los que se agruparon en torno a esta publicación".
Según el propio Lezama, "Orígenes... resolvió un criterio de selección cubano-hispanoamericano y lo que se hacía en ese momento en el mundo (...) [fue] un taller de tipo renacentista, creando en una gran casa, animado por músicos [aun cuando aclaro que, en realidad, el único músico que se insertó en Orígenes fue Julián Orbón], dibujantes, poetas, tocadores de órgano...". La generación de escritores que se conoce como grupo Orígenes —dice Lezama— "fue en realidad la que impuso la expresión nueva y el espíritu de modernidad". Consúltese a: "José Lezama Lima. Cronología. Bibliografía activa/pasiva". [Redacción editorial: Alexandre Pérez Heredia. Diseño Web: Pavel Alfonso Arteaga. Dibujos: José Luis Fariñas] [http://www.cubaliteraria.cu/autor/lezama_lima/bibliografia_revistas.html#origenes].
En 1954, una disputa entre Lezama Lima, Rodríguez Feo y Virgilio Piñera, como ya se apuntó, provocó el alejamiento de Rodríguez Feo, con su enorme contribución monetaria, de *Orígenes*, que solo publicó tres números más hasta su cierre dos años después. Ver "José Lezama Lima" en *Wikipedia*.

Esa universalidad cultural del grupo Orígenes, o mejor, esa lucha de Orígenes por lo universal cubano, ha dejado una impronta de alta energía en la historia literaria y artística de Cuba, aunque, en realidad, no pudo pasar de ser un movimiento cultural de gran envergadura que fue quedando para la historia, pero que en aquel entonces no devino sino en un conjunto de autores de primerísima línea en su mayoría, que por desavenencias internas, que ya son historia conocida, entre José Rodríguez Feo, Virgilio Piñera y José Lezama Lima, *Orígenes,* repito, llegó a desaparecer como revista y, al mismo tiempo, como representación intelectual de su agrupación homónima.

Por su parte, Aurelio de la Vega nunca pudo contar con un grupo cohesionado junto a él de cimeras figuras de la música clásica cubana, como sí sucedió con Lezama y su entorno literario, aun cuando también el esfuerzo ciclópeo del grupo Orígenes tampoco logró extender su aliento en unos cuantos de otros creadores de las décadas de los años 60 y 70, que a su vez le vieron (a Lezama y al grupo) como un conjunto de intelectuales elitistas y equivocados fuera de la línea cultural que debía tomar Cuba desde los años 40 en lo adelante.

Habría que decir que en las décadas del 30 y el 40, De la Vega conoció el esfuerzo de varias figuras contestatarias en el intimidante contexto clásico del momento. Pero resultaron impulsos y ánimos aislados. Compositores, ya citados por De la Vega, como Guillermo Tomás, Amadeo Roldan y Alejandro García Caturla hicieron resonar en La Habana las composiciones alemanas e italianas más connotadas de ese tiempo, pero que siempre fueron, cada uno por su cuenta, ejemplos de magnífica música que no logró superar, como movimiento, el enraizado nacionalismo, que no solo fructificaba en la música clásica sino además, y con fuerza, en la música popular que, en realidad, dio siempre muestras de riqueza rítmica y que ha dejado un sinnúmero de piezas y sonoridades que han quedado para la historia. Sin embargo, desde una perspectiva general, la música comercial se alzó, hasta cierto punto, como un muro cultural que evitaba proyectar un tipo de música erudita de profundos tintes universales.

Paradójicamente, lo que sucedió es que hubo una variedad de sonidos y ritmos que, aun cuando excelentes, contribuyeron a lo comercial y al exotismo para un público extranjero que, incluso desde aquellas etapas (décadas del 30 a los 60, digamos, y hasta la actualidad), se han venido reproduciendo en nuevos compases y cadencias, estableciendo una apariencia de patrones sin par como si fuera la música para el turismo el único género representativo de Cuba, dando lugar también, en buena parte hoy en día, a ciertas tendencias hacia el facilismo y la imitación.

En el caso particular de Aurelio de la Vega, este padeció el aislamiento y la censura[31] más absurda a la que ha sido condenado un

---

31 En una entrevista realizada por Jesús Hernández Cuéllar para la revista digital *ContactoMagazine.com*, que él dirige, y publicada el 9 de enero de 2002, De la Vega hace las siguientes declaraciones en relación con el aislamiento que su música padecía hasta ese momento en Cuba:

> Creo que Leo Brouwer fue quien rompió las cadenas de ese aislamiento. Lo que sé es que dentro de Cuba no se ha hecho música de Aurelio de la Vega. Tampoco se podía interpretar la música de Orbón, pero ahora él ha muerto y sí se puede tocar. Creo que a mí me pasará como a Guillermo Cabrera Infante o Gastón Baquero, que tampoco hablaban de ellos hasta que murieron. Cuando los artistas de la Isla salen del país dicen que la cultura cubana es una sola, pero la realidad es que en La Habana los artistas exiliados no son bienvenidos.

De hecho, resulta que mientras se escribía este trabajo, en 2017, todavía se mantenía una atmósfera de aislamiento para De la Vega, aun cuando se pensaba que en el año 2012 se había dado un supuesto levantamiento de la censura, según había informado *Palabra Nueva,* de la Iglesia católica cubana, noticia reproducida por el *Daily News* de Los Angeles. [http://www.dailynews.com/article/zz/20121019/NEWS/121019598] en Estados Unidos. La mencionada referencia puede verse asimismo "En Cuba fui persona *non grata* durante 50 años'',

creador en su propia patria. No obstante, toda la carrera composicional del autor de *Obertura a una farsa seria* —desde sus obras hechas en Cuba, así como las realizadas en el extranjero— le ha dado a la Isla un prestigio extraordinario que, quiéralo o no el régimen comunista, quedará en la historia de la música clásica cubana.

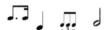

Durante las décadas de los años 40 y 50, De la Vega estrenó numerosas obras en La Habana, Londres, Washington y Madrid, y en lo referente a Lezama, este publicó varios poemarios, ensayos y artículos, y continuó con el auge creativo de Orígenes.

En esa época en que Lezama y De la Vega habían coincidido en Cuba, y durante buen tiempo en la capital del país, este último adquirió un fuerte perfil público, cuando fue nombrado Profesor Extraordinario de la Facultad de Filosofía de la Universidad de Oriente, en Santiago de Cuba, donde creó —a partir de 1953— la carrera universitaria de Música, con niveles de licenciatura y doctorado. En toda América Latina era la segunda vez que se introducía la música en el currículum universitario. La primera fue en la Universidad de Tucumán, Argentina, a finales de la década de los años 40. Incidentalmente, el hecho de que De la Vega fundara la mencionada carrera de música en la Universidad de Oriente, fue totalmente silenciado y luego extirpado del canon de la cultura cubana por el Gobierno castrista. De la Vega, además, fue asesor de música del Instituto Nacional de Cultura, cargo que ocupó a partir del mencionado año de 1953 hasta el 1 de enero de 1959, momento en que también dejó de ser vicepresidente de la Orquesta Filarmónica de La Habana.

en *Cuba Encuentro* (20 de octubre de 2012: http://www.cubaencuentro.com/cultura/noticias/aurelio-de-la-vega-en-cuba-fui-persona-non-grata-durante-50-anos-280963).

La renovación se bifurca

La censura se ensaña

Después de 1959, los caminos se bifurcan: Aurelio de la Vega, quien se había marchado a Estados Unidos en 1957, dos años más tarde regresa a Cuba y mantiene una estancia de varios meses hasta el 1 de junio de 1959, cuando definitivamente retorna a Los Angeles, donde se radica en un primer tiempo y, posteriormente, se establece en la ciudad de Northridge, para dedicarse a impartir clases en la Universidad Estatal de esa ciudad. Por su parte, Lezama permanece en Cuba creyendo, como la gran mayoría de los intelectuales, que se avecinaban nuevos aires para la creación literaria y artística.

En realidad, a partir de entonces, Lezama no dejó de tener oportunidades y reconocimientos por parte de la proyección oficialista que el régimen castrista le daría. Ese mismo año de 1959 pasa a trabajar en el Consejo Nacional de Cultura y se le nombra director del Departamento de Literatura y Publicaciones, pudiendo acumular así importantes colecciones de libros clásicos y españoles. En lo que respecta a su trabajo como poeta, al año siguiente, publica su libro *Dador* (1960), donde se comprueba que siempre seguía manteniendo con fuerza su sensibilidad origenista.

Posteriormente, asiste, como delegado, al Primer Congreso de Escritores y Artistas Cubanos, en el que le eligen para ocupar una de las vicepresidencias de la Unión Nacional de Escritores y Artistas de Cuba (UNEAC). Más tarde, en 1961, le invitan a ser jurado de poesía del premio Casa de las Américas; certamen en el que volverá a ser jurado en dos ocasiones más (1965 y 1967). Fue en 1963 cuando conoció al ya famoso escritor argentino Julio Cortázar, quien había asistido como jurado de novela a esa misma institución. Desde 1957 Lezama se escribía con Cortázar, y este último se convirtió en un gran promotor del autor de *Paradiso* cuando publicó su ensayo: "Para llegar a Lezama Lima" dentro de su libro *La vuelta al día en ochenta mundos* (1967). En reciprocidad, Lezama escribió su también famoso prólogo a la edición cubana de *Rayuela*, "Cortázar y el comienzo de la otra novela", recogido más tarde en *La cantidad hechizada*, libro de ensayo del poeta cubano[32].

Para Lezama, la publicación de *Paradiso* (1966) le abrió las puertas para una nueva dimensión de la literatura cubana e hispanoamericana, y también se las cerró en relación con un buen número de escritores cubanos del momento, y con el mismo régimen castrista. La buena crítica le llegó de grandes intelectuales extranjeros como Julio Cortázar, Octavio Paz y Carlos Monsiváis, mientras que muchos escritores oficialistas de Cuba rechazaron su novela y la tildaron de morbosa, pornográfica y hermética.

En el caso de De la Vega, su decisión de quedarse en Estados Unidos es animada por la acogida que recibe por amigos y colegas, y por el propio espíritu de libertad y búsqueda de progreso que siempre ha rodeado a todo inmigrante con talento que se ha establecido en este país. En otra entrevista que le realizara el periodista Jesús Hernández Cuéllar, después de que una de sus obras —*Preludio Número 1*— le propiciara una segunda nominación a los Premios Grammy[33], De la Vega contestaba una de las preguntas de Hernández Cuéllar diciendo:

---

32 Ver "José Lezama Lima" en *Wikipedia*.
33 Ver el video "Entrevistas a Aurelio de la Vega y Yalil Guerra, nominados al XIII Latin Grammy", por Jesús Hernández Cuéllar, en YouTube [https://www.youtube.com/watch?v=QzzgqkN4Q10&t=1926s].

El creador, al salirse del medio castrador y encontrarse con la apertura del extranjero, enriquece sustancialmente su imaginación. Si me hubiese quedado en Cuba, mi música no fuera la misma. Hay fenómenos ambientales, políticos, nuevas sonoridades y costumbres, etc., que hubieran condicionado mi música. Por eso el choque con lo extranjero enriquece y multiplica las posibilidades emocionales.

Paradiso y las reinvenciones de Lezama Lima

Una sola inmensa obra

Lezama entre los libros y papeles de su personal *Imago*,
creando las imágenes del mundo.

Paradiso nunca se quedó en el intento de Lezama Lima por construir una inmensa catedral y seguir pasos laberínticos de dimensión autobiográfica solamente. No, esta novela constituyó, además de hecho, la cumbre del arrebato orgiástico de la palabra y de los dioses que pululaban en las mágicas reinvenciones mentales de Lezama Lima. La apoteosis de una luz caribeña, con fundamento insular (de raíces muy cubanas, pero hacia lo universal, quiero decir), se ha venido expandiendo en su fulgor, para instalarse en la cúspide del mundo.

Paradiso cuenta, entre infinidad de temas, con las tonadas y aires, ritmos e invocaciones sonoras que van de las raíces de Cuba a la conjuración mítica de otras latitudes. De esta manera es toda una sinfonía grandiosa que corre desde el amanecer hasta el divino crepúsculo de la tarde; es un templo de color calidoscópico, que hace del mito y la palabra poética uno de sus grandes atributos; es la creación de la imagen y el sentido filosófico de lo erótico; es el saber natural y libresco que conforman también su estilo barroco: un estilo amplio, ancho, de latencia universal que recrea lo histórico en una fiesta de la imaginación[34].

---

34 Aquí hablaríamos, a modo de una comparación con De la Vega, de cómo la primacía no es la palabra en su significado lexical, sino en su esencia de imagen, que de hecho es su simiente básica, y de cómo se siente una sinfonía musical — en su representación de imágenes mentales— que podría unir lo dionisíaco y lo apolíneo, para concluir en un "ritmo hesicástico" (de soledad, silencio y quietud) al final de *Paradiso* (Cap. XIV). De ello, me comenta la Dra. Ivette Fuentes de la Paz, quien es una especialista exponencial de Lezama, de cómo

es interesante intentar un contrapunteo en el Capítulo XII (el del crítico musical), en que se unen cuatro historias en paralelo, y ocurre la desintegración espacio-temporal. Al final del capítulo están los soldados jugando a los dados, como ofreciendo al azar las historias. Este es uno de los capítulos más sugestivos de la novela; pero es atrayente ver cómo Lezama introduce al músico (en una total desintegración, en la que se podría relacionar, y hasta contrastar, con la disolución de notas en las obras del compositor De la Vega).

Así ha sido también con *Oppiano Licario* (1977), su otra novela interrumpida por la muerte, y con sus poemas y sus ensayos. Que *Paradiso* fuera un "saber para iniciados", propuesto en el personaje de José Cemí, su *alter ego,* es lo que se vuelve a recomponer en ese otro largo fragmento que viene a ser *Oppiano Licario.* Lezama Lima es un autor de una sola inmensa obra —como desde una perspectiva muy seria deberían ser las obras de todo creador: "una sola inmensa obra"—; y esto es la concomitancia que tenemos, como escritores y artistas, con la vida. Licario es el profesor de José Cemí, y es a este a quien recurre el Lezama de ficción para reproducir todo un sistema poético-filosófico que pueda darle un mayor acabado a su grandiosa catedral paradisíaca. *Oppiano Licario* es la continuación de *Paradiso,* pero al mismo tiempo es un reajuste de todo su Laberinto como Sistema Poético del Mundo[35].

Desde una de las tantas perspectivas que dan *Paradiso* y *Oppiano Licario,* hay que tener muy en cuenta que ambas novelas conforman

---

35 "No se deben ver como cosas separadas. Será mi obra, en la cual diré lo que tenía que decir (...), porque yo soy un novelista de una sola novela" (Reynaldo González, "Entre la magia y la infinitud. Conversación inédita con el autor de *Paradiso*", en su *José Lezama Lima: el ingenuo culpable*, La Habana, Letras Cubanas, 1988, pág. 140).

Parto para hacer mi novela de una raíz poética, metáfora como personaje, imagen como situación, diálogo como forma de reconocimiento a la manera griega. En mí, poesía, ensayo y novela forman parte del mismo escarbar en la médula del saúco (*Cartas a Eloísa y otra correspondencia,* cit., pág. 141).

Ver también a Remedios Mataix: *Paradiso y Oppiano Licario: una guía de Lezama Lima* [http://www.cervantesvirtual.com/obra-visor/paradiso-y-oppiano-licario--una-gua-de-lezama-0/html/ff2fc5aa-82b1-11df-acc7-002185ce6064_2.html].

un grandioso fresco ficcional de la vida de Lezama[3636]. En él, inconscientemente quizás, funcionó mucho, o en todo, la fusión del mundo imaginario (su *Imago*) con la realidad que siempre se nos ha hecho conocer.

Y en ello amplío este criterio diciendo que la **Realidad** en Lezama (así con mayúscula y negritas) no es la que fácilmente estamos acostumbrados a ver. La **Realidad** en este peculiar creador es bidimensional; es decir, hay una cara corpórea (que es la vida concreta en la que vivimos), la cual podemos tocar, sentir, ver, oír, y con la que podemos intercambiar día a día nuestras necesidades y ansias materiales; y hay otra cara imaginaria, en la que intuimos un mundo infinito de manera invisible, aparentemente ausente pero sí presente, un mundo en que sus formas son imágenes, invenciones, aspiraciones, deseos, idealismos y que, muchas veces, no se entiende (ese rostro imaginario), pero sí se siente.

Estas dos dimensiones conviven en cada uno de los seres que somos, y en verdad están imbricadas, articuladas en una armónica lucha entre la conciencia y el inconsciente. Lezama, en su Sistema Poético del Mundo, intuyó este tipo de Realidad (la verdadera, diríamos) y la reflejó en sus poemas, en su prosa, en sus ensayos y en sus dos grandes escritos narrativos que, como él dice, eran una sola novela.

---

36 En *Interrogando a Lezama Lima* [entrevista a Lezama por el Centro de Investigaciones Literarias de la Casa de las Américas, Barcelona, Anagrama, 1971, p. 27], Lezama dice:

El recuerdo familiar, los amigos, las conversaciones diurnas y nocturnas, los odios, las imágenes, Platón, los bestiarios, la angiología tomista, la resurrección. Es decir, la familia, los amigos, los mitos. Mi madre, las tentaciones y la infinitud del conocimiento. Lo muy cercano, el caos y el Eros de la lejanía es parte de lo que viene a ser este iniciado órfico, ligado a sus concepciones poéticas y filosóficas.

Aurelio de la Vega y el frenesí del sonido

En el caso de Aurelio de la Vega, desde hace mucho tiempo en el extranjero, su talento reencuentra en gran medida el reposado ambiente que requiere la innovación y la libertad expresiva en todos los sentidos. Su visión, tanto en el campo de las ideas como en el sonoro, se fue ensanchando. Podemos decir que, si el universo se ha estado expandiendo, asimismo ha sucedido con la mente de este compositor, capaz de aprehender las formas de la geometría y convertirlas en nebulosas de sonido y en líneas pentagramales de luz y color[37], en senderos radiantes de pianos, chelos y violines hacia diversas dimensiones instrumentales, como son los graves y profundos latidos de los tambores subterráneos de De la Vega—esos que terminan o empiezan casi siempre con los centellantes asideros de los platillos, pero que en el siempre eco invisible de los sonidos dejan el trueno latente de una fuente telúrica, fuerza que gravita no solo en nuestro pecho, sino además permanece vibrando asimismo en el espacio hasta perderse en lo profundo de una oscuridad irradiante de misterios.

Las obras de Aurelio de la Vega han buceado siempre en las emociones humanas, han combinado la inteligencia y la pasión de

 manera que el espacio tenga que llenarse de sensaciones, incluso de impresiones encontradas como la tristeza y la alegría, o el temblor de un poema y el ritmo versátil de una duda. De muchas maneras, sus vibraciones se traducen en un canto

---

37 Ver su *El laberinto mágico*, para cualquier número de instrumentos y/o voces, de 1975; las otras partituras gráficas también se encuentran en este libro.

de sangre y pulsaciones. Es el frenesí del sonido, de la amplitud del corazón; es el mundo palpitando ante el reflejo de nuestras propias sombras y de nuestros propios dramas más intensos.

Mi interpretación de la música de arte y, en este caso, de las composiciones de De la Vega, es simplemente emotiva, sensitiva; una recepción sensible, capaz de combinar la excitación que me produce el buen sonido con la fuerza imaginativa de lo poético. No soy un musicólogo y, mucho menos, un especialista en música clásica, sino alguien que, por sensibilidad poética, repito, se arriesga a establecer un juicio auditivo, como podría ser, por ejemplo, mi personal interpretación de su *Leyenda del Ariel criollo* de 1953, cuando el autor todavía se encontraba en Cuba, y en la que yo, desde su comienzo, percibo imágenes contrastantes, y en la que siento que los compases del piano se apoyan en notas fuertes para, de alguna manera, hacerme ver una imagen brumosa de la Isla; quizás, más que una imagen, una presencia de una mancha muy verdosa, aprisionada por las aguas.

El sol de aquella época, al yo escuchar la grabación de la obra, lo siento muy débil, porque viene a ser como si se tratara de un llanto de despedida. Así, voy encontrando majestuosidad y tristeza entre los acordes del piano y el arco del violonchelo. Esos acordes de acompañamiento me impresionan, creando en mi imaginación todo un manto de mar azul sobre el que un espíritu pasea su energía de disímiles formas. Y lo hace bajo la melancolía de un cielo agrisado, tormentoso; un cielo en el que las nubes se van manchando de un negro penetrante. El aire trae un olor como de presagio; como si el olor conllevase el recuerdo de un oráculo. Entonces me percato de que hay lágrimas y sorpresas en ese canto del chelo, que es la voz de Ariel clamando sobre un desierto de tierra y agua. Surge así la ejecución punteada de ese instrumento, el chelo, y tiemblo porque presiento la amenaza que se cierne sobre nuestro mundo insular.

Desde que este chelo emerge da paso al desconsuelo, a la pesadumbre de un turbulento porvenir (no dudo que políticamente, ya De la Vega preconcebía el destino que se cernía sobre la Isla. Recordemos que era el año de 1953, cuando se dio el asalto al cuartel Moncada, que fue el hecho histórico precedente a la dictadura castrista). Es la melancolía de Ariel mezclada con la impotencia de no aceptar que la mediocridad fuera reduciendo las potencialidades creadoras de la Isla. El Ariel criollo se sabe ahogado, incomprendido, pero se rebela, no puede olvidar su estirpe de ser creador, inteligente, pasional.

Hay cuerdas vibrantes en el violonchelo que quedan suspendidas como para un final de dolor necesario; dolor febril que también se transforma en placer porque es deseo de vivir por encima de la devastación cultural, social y económica que se avecina. Esta composición es una manifestación de sufrimiento, pero al mismo tiempo es un autorreconocimiento de fuerza y tesón, de tierra y mar, y me atrevo a pensar que también fue un presagio, una corazonada de un joven de 28 años que ya presentía los días aciagos que vendrían.

Las notas tenidas y vibrátiles del chelo son gruesas lágrimas que caen en el mar. Hay una mirada hacia lontananza, y es la sensibilidad que se consume, y los ojos que se van con el crepúsculo de la tarde hacia el mar del Norte. Este es mi sentir de la *Leyenda del Ariel criollo*, una subconsciente aproximación al destierro.

En términos más profesionales, puedo decir que la estructura musical de la *Leyenda...* se basa en un diálogo lírico entre el chelo y el piano que, basado en unas breves series de ritmos cubanos, alteran un material sonoro siempre cambiante. Siete repeticiones de una nota grave en el piano, de carácter rítmico, inician la obra. El piano establece un crescendo rítmico-melódico que culmina con la primera entrada del chelo. Hay mucho de rapsodia en la obra, aunque siempre se mantienen las variaciones rítmicas basadas en un ritmo (♪♩ ♫ ♩) que aparece en todas las composiciones de De la Vega, como a modo de firma musical del compositor. La obra concluye con una nota tenida del chelo, en (*pp*), sobre las mismas siete notas graves del piano que comenzaron la obra.

Utopía y desarraigo

La ingenua quimera de José Lezama Lima

Entre José Lezama Lima y Aurelio de la Vega se dio un mismo tiempo y una esencial actitud y sentido de creación, al menos, en una primera gran etapa de vida que fue del mencionado año de 1937, y que vino a terminar en junio de 1959 (triunfo de la rebelión castrista), cuando De la Vega estuvo en Cuba por una última vez.

A partir de ese año 1959, clave en la historia moderna de la nación cubana, Lezama, quien permanece en Cuba, comienza a creer en la "imagen y la posibilidad". El "26 de Julio" era como un símbolo de aquello que, en la mente de una enormidad de personas, bullía como "imagen", como si pudiera ser el acierto de la "posibilidad", y Lezama publica un artículo[38] a este respecto. Lo publicó Lezama con el afán probable de sus sueños, como sintiendo la necesidad de expresar su ingenuidad política[39], a causa de esa utopía que muchos intelectuales

---

38 JLL: "El 26 de Julio: imagen y posibilidad", en *La Gaceta de Cuba*, La Habana, junio de 1965.

39 En algún momento he hablado —lo que otros, más sagaces, quizás ya hayan dicho con anterioridad— sobre el supuesto pensamiento político de Lezama. "Lo político" es una estrategia de decir o hacer algo en cuanto a una expresión partidista,

han tenido en determinados momentos de sus vidas. Pudo también ser su aspiración quimérica, fabulosa y hasta fantástica: su posibilidad transformada en un absurdo del candoroso Edén del Génesis, y que lo condujo, a no dudar, a ser un creyente en aquel fenómeno revolucionario que, en sus inicios, atrapó la sensibilidad de muchos intelectuales. Tres años más tarde publica su personal homenaje al Che Guevara, después de conocerse la muerte del guerrillero argentino[40]. Lo vio asimismo como una esperanza, pero la posibilidad terminó en un ¿símbolo?, en un ¿sueño? Más bien esto último era de suponer, pues con el tiempo debió convertírsele en la pesadilla de un reguero de apariencias, de asesinatos, figuras y representaciones tormentosas que —por la candidez de él, como ya dije— debieron herir la sensibilidad del Poeta, del Soñador y del Creyente de la Aurora.

Pero Lezama despertó a la verdadera realidad que le rodeaba con el nacimiento de su extraordinaria novela *Paradiso,* pues esta le trajo una enorme tensión en sus relaciones con el régimen. En Cuba, se creó una álgida polémica en torno a la novela, en la que unos

---

pero la "ideología" es la parte profunda, en su tiempo histórico, de una visión demasiado ilusoria, por lo que muchas veces se pierde esa visión y se cae en el riesgo de la ceguera. No obstante, Lezama nunca fue un lúcido político, más bien un ingenuo y, asimismo, lo fue en el plano de las ideas, porque su ideología realmente vino a ser la "imaginación". En el sentido político fue un soñador trasquilado, como le ha ocurrido a muchos grandes hombres. Su quehacer consciente vino a constituirse en una cosmovisión insular; es decir, una cosmovisión de la Isla insertada en el orbe, incluso como destino. Su ideología fue la imagen poético-filosófica como sistema del mundo. Pudo haber escrito más artículos como este de "El 26 de Julio: imagen y posibilidad", y no habría por qué señalarle. La década de los años 60 todavía admitía el amor por la utopía, y muchos otros importantes escritores cubanos, que pensaban como él, hoy en día se encuentran en el exilio.
40 Homenaje que la revista *Casa de las Américas* dedicó al guerrillero, en 1968, donde apareció el breve artículo de Lezama titulado "Ernesto Guevara, comandante nuestro".

cuantos críticos oficialistas del sistema castro-estalinista la atacaron vitriólicamente. Y así, desde la perspectiva de la cultura impuesta por el Gobierno, la polémica alcanzó tales dimensiones que la novela llegó a ser retirada de las librerías.

Por otra parte, Lezama, como jurado en 1968 (junto a otros dos cubanos, Manuel Díaz Martínez y José Z. Tallet, al peruano César Calvo y al británico J. M. Cohen), dio su decisión de otorgar el Premio Julián del Casal, de la Unión de Escritores y Artistas de Cuba (UNEAC), al libro de poemas de Heberto Padilla, *Fuera del juego*. Y esto, como se sabe, no solo dejó caer la espada de Damocles sobre Lezama Lima, Díaz Martínez y Zacarías Tallet, sino que además preparó la atmósfera represiva contra Heberto Padilla y su esposa, en ese tiempo, Belkis Cuza Malé —entorno punitivo que terminó con el apresamiento del poeta Padilla, su "arrepentimiento" público al estilo estalinista (impuesto por la Seguridad del Estado) y la primera gran ruptura de los intelectuales latinoamericanos con la Revolución cubana (todos estos sucesos en 1971). Es evidente que, a partir de ese momento histórico de la cultura cubana, todo comenzó a ponerse en duda. Muchos escritores importantes se dieron a un acercamiento de tontos útiles, otros se convirtieron en míseros oportunistas, y otros más —en determinados momentos de sus trayectorias— en una actitud definitiva de alejamiento del régimen.

Insilio y desgarramiento en Lezama Lima

¿Fue realmente José Lezama Lima, en vida, respetado como autor en Cuba? ¿Fue valorado, en su verdadera dimensión, por su potencialidad de constituirse en una figura de alcance mundial? No, ni fue admirado como creador ni justipreciado en sus esenciales posibilidades creativas, ni por la ciudadanía ni por un gran número de intelectuales. Aunque en los primeros tiempos de la revolución castrista fue aparentemente aceptado por el régimen, posteriormente cayó en desgracia. Recordemos el caso Padilla y su apoyo al mismo. Recordemos que el hecho de haber escrito una novela como *Paradiso* le descalificó ante el régimen desde una perspectiva "no revolucionaria". Recordemos que su poesía, narrativa y ensayos fueron señalados de herméticos y, por tanto, prácticamente rechazados por su supuesta actitud inconsecuente ante la tendencia coloquial del realismo socialista que debía señalarle como un intelectual revolucionario. Y, repito, no se le respetó ni valoró porque al diferir del modo diáfano, fácil y entendible de escribir y comunicarse, exhibido por la gran mayoría de los escritores de los años de la República, ni más tarde, durante el castrismo y no adaptarse a las directrices ideológicas y políticas, simplemente pasaba a ser un "aparato parlante" a quien había que desechar y eliminar de aquel contexto intelectual revolucionario.

El autor de *Paradiso* en el despacho de su casa, en La Habana.

Sencillamente terminó siendo un ciudadano contaminado a quien había que estigmatizar y separar de la dinámica pensante del país. Y esto no fue otra cosa, en el caso de él como en el de muchísimos otros creadores, que la imposición de la marginación: una manera de prescindir de las razones vitales de un ser humano (en este caso su creación, que es lo mismo que decir su vida), preterir su pensamiento y su palabra, y condenarlo a una muerte en vida, a un ostracismo interno. En verdad, esto es el *insilio:* una práctica manera de aislar al intelectual dentro de su propio país. La intención de crearle un estatus de culpable al escritor o al artista, y el hecho de tratar de asesinar el alma del disidente porque realza su condición de marginado dentro de la Isla desde una perspectiva ontológica, son toques maquiavélicos para redondear y hacer más efectiva la tortura del arrinconado.

Algo así no pudo activar en Lezama otra cosa que no fuera un profundo desgarramiento. Saberse preterido, apartado, ignorado incluso dentro de su propio contexto, es sentirse despreciado, y ese sentimiento de dolor y sufrimiento es inevitable. El *insilio* es el intento, por parte del poder, de llevar al señalado al estatus del "no ser": sencillamente, tratar de conducirlo a la muerte del alma, a la no existencia de su intimidad. Es como una fábula más del Ser y la Nada; como un desgarramiento por algo que se sabe injusto. Y esto es un sentimiento muy terrible: es lo patético ("dolor, tristeza o melancolía") llevado al extremo de lo grotesco ("al ridículo y a lo extravagante, a lo irregular, grosero y de mal gusto").

Todo ello va creando una atmósfera perturbadora, psicológicamente hablando, porque lacera el alma en una intención de anulación. Busca romper la estructura del ser y propone la conversión a la muerte en vida. Una de las peores cosas que le puede suceder a un ser humano es el señalamiento que se le haga de ser una persona dañina a la sociedad. ¡Qué un régimen instituya la muerte del ego en una persona pública es una acción vil y canallesca!... No obstante, esta acción deviene en una grave mancha, y se convierte en una infamia histórica para la dictadura que la impone.

Lezama sufrió su muerte, en 1976, la cual siempre dejó confusas versiones de sus últimos momentos en relación con el trato médico que debieron haberle dado[41].

El premonitorio escape de Aurelio de la Vega

En lo que atañe a De la Vega, este, en lo político, se adelantó a Lezama, porque desde los primeros meses del Gobierno revolucionario no congenió con el estado de cosas, que ya estaba sucediendo, ni con las irregularidades y desavenencias que se veían venir.

Tuvo la suficiente claridad para darse cuenta de que, por un lado, se exaltaba la falsa imaginación de un espejismo, una narración como de héroes míticos, pero por otro, la realidad de la existencia hablaba de muertes y de conquistas violentas, de fusilamientos y de prisiones. De ese nuevo contexto vino la desconfianza que le llevó a

---

41 ˝Según su hermana Eloísa, quien recibió en Miami la noticia del ingreso de Lezama en el hospital a las 11:00 de la mañana del domingo, el escritor no estuvo todo lo bien atendido que debiera: 'En el Calixto García no lo vio ningún especialista pulmonar', dice ella, 'y los médicos del hospital no llegaron porque era el fin de semana y no había asistencia médica... Mi hermano murió sin asistencia médica especializada. Esa noche, después de que falleció, hablé con Cintio, que me dijo: 'Toda Cuba llora, tú estás confundida'. Yo estaba brava porque, ¿cómo es posible que a mi hermano no le hubiesen dado la mejor atención médica? Claro, su salud estaba deteriorada. Él fumaba mucho, mucho. Esa fue en parte la causa de su muerte. Pudo haber vivido mucho más'". Ver a Ernesto Hernández Busto: "La muerte de José Lezama Lima (Notas de un biógrafo aficionado)" [http://www.penultimosdias.com/2007/08/09/la-muerte-de-jose-lezama-lima-notas-de-un-biografo-aficionado/].

esa iluminación, esa visión de anticipación que hacía falta en aquellos tiempos convulsos en que muchos querían un cambio definitivo de Cuba desde la perspectiva de una revolución democrático-burguesa, digámoslo así, en la que el desarrollo de la economía, fundamentalmente, perteneciera por entero a los cubanos y no a los inversores extranjeros, principalmente a los europeos y a los norteamericanos.

En su proyección imaginativa también estaba la creación libre en una tierra promisoria. Los Angeles, julio de 2002. *Foto: Donna Coleman*

En efecto, en lo político, De la Vega tuvo una transparente visión del futuro que se aproximaba. Las posibilidades de libertad y de creación fueron muchas en su exilio estadounidense definitivo. Ya en la década de los años 60, De la Vega comenzó a incursionar en la música con medios electrónicos, incorporó ejecuciones aleatorias, y partituras gráficas, además de utilizar combinaciones con figuraciones abiertas. Es el momento de *Structures,* para piano y cuarteto de cuerdas (1962), en la que aún continuó "utilizando el serialismo en tres de sus movimientos, y estructuras improvisadas en otros dos"[42]. Nuevas obras de él en esos años son: *Vectors* (1963), para pista electromagnética; *Segments,* para violín y piano (1964); *Variants* (1964), para piano, e *Interpolation* (1965), para clarinete con o sin sonidos pregrabados. De estos tiempos de creación de De la Vega, ha dicho el musicólogo cubano Radamés Giro:

> Los recursos instrumentales exigidos para estas obras incluyen *vibrato* microtonal para violín, *clusters* y diversos tipos de manipulación de las cuerdas del piano y uso de las llaves del clarinete como fuente sonora. Además, *Interpolation* requiere diferentes formas de posiciones de la embocadura, el bajar una nota sin hacerla sonar, emplear sonidos de soplo sin nota específica, y hasta el uso de una sordina especialmente inventada para el clarinete. Sin embargo, con ninguna otra pieza ha tenido De la Vega tanto éxito, en términos de combinaciones de color expresivo y organización estructural, como con *Para-Tangents*, 1973, para trompeta y los mismos sonidos pregrabados, usados en *Tangents*, (1973), en la que explora los timbres y los aspectos expresivos del instrumento solo, en un diálogo con los sonidos electrónicos[43].

Es curioso y halagüeño encontrar una valoración sobre la música de Aurelio de la Vega hecha por un musicólogo cubano en el año 2004, dentro de la propia Isla, por encima de todo tipo de enfoque político. En este sentido, Radamés Giro propone una recuperación

---

42 Radamés Giro: *Diccionario enciclopédico de la música en Cuba*, La Habana, Editorial Letras Cubanas, 2004.
43 Radamés Giro, idem.

de la figura de nuestro compositor, sin ningún tipo de impedimento político ni ideológico, puesto que, por encima de las diferencias de ideas, la literatura y el arte y, en específico la música, se remontan más allá de cualquier partidismo, más cuando se trata de obras que por su alto valor expresivo, su calidad sonora y su reconocimiento internacional, hacen que De la Vega merezca ocupar el lugar que le corresponde dentro de la historiografía musical de Cuba.

De hecho, podemos completar la valoración de Giro sobre De la Vega con otro fragmento que muy bien resume, por parte del musicólogo, la intención explícita de justipreciar lo que nunca debió haber sido ignorado. A continuación, dice Giro:

> La evolución estética de Aurelio de la Vega va de la influencia de **Alban Berg** a la música de vanguardia, pero su definida y flexible personalidad, su necesidad de expresión propia, caracterizada por un profundo concepto de su labor creadora, lo conducen a un libre discurrir sobre los materiales y recursos que emplea en sus obras[44].

En efecto, la valoración completa del musicólogo es profesional, y la crítica que hace a De la Vega está enmarcada en excelentes términos axiomáticos. De aquí que nos podamos preguntar, ¿por qué razón las obras de este importante compositor cubano casi no se han tocado en Cuba después de su salida del país? La única respuesta que siempre se ha dado es la censura a un creador que nunca comulgó con el sistema político implantado en esa nación a partir de 1959, y que siempre ha resultado ser un iconoclasta tanto en lo cultural como en lo ideológico.

---

44 *Ibidem.*

A partir de mediados de 1959, cuando ya instalado en California, De la Vega va a entrar en la época más fructífera de su carrera creativa, el compositor comienza su etapa musical más compleja. Es el tiempo en que aparecen procedimientos aleatorios, empleo de técnicas extendidas en los instrumentos, movimientos en las obras que actúan a modo de móviles (la idea de un Calder musical donde el orden de las páginas puede modificarse), uso de sonidos electrónicos intercambiándose con bandas sonoras de *música concreta*[45], mezcla de música y arte (partituras gráficas de la década de los 70), serialismo estricto (*Structures*, 1962; *Exametron*, 1965), abandono del serialismo (*Intrata*, 1972; *Septicilium*, 1974), época caracterizada por el uso libre de los 12 tonos, que se manifiestan de continuo en melodías no repetitivas; todo, expresado mediante un virtuosismo instrumental y vocal extremo[46]. A partir de 1995, De la Vega se preocupa por cómo volver a comunicarse con el público sin caer en vuelta atrás, sin abaratar su música y sin ablandar totalmente la gama sonora. La primera obra a este respecto es *Canciones transparentes* de 1995. La composición más reciente de De la Vega, enmarcada en el marco de la comunicatividad, es *Recordatio* (2011).

---

45 Música concreta (*musique concrète*) es un término inventado en Francia por Pierre Schaeffer y sus colegas, para denotar procedimientos grabatorios usando sonidos ambientales o sonidos derivados de golpear cualquier tipo de superficies (muebles, objetos de cerámica, armarios de metal, vasos de cristal, etc.).

46 Quiero tocar algo aquí —por pura intuición— en relación con el dodecafonismo y la música serial, y es que, independientemente de que este y, un poco más tarde, el serialismo integral, hayan cumplido con su rol histórico en la evolución de la música del siglo XIX al XX, pienso que esta manera de componer abrió las posibilidades hacia una visión más universal de la música de arte para dar paso a nuevas formas de creación y de buscar y concebir sonidos diferentes.

Extrañamiento y redención

De la Vega, como todo emigrante, sintió (y aún siente) el vuelco que la vida le produjo tras salir defi nitivamente de su país. Llega el momento en que uno siente la necesidad de su vida anterior, porque muchas cosas íntimas han quedado atrás. Y por ello tampoco aceptamos la partida. ¿Cuál es entonces la dimensión en que nuestra alma queda? ¿Cuál el verdadero sentimiento en que el ser y el estar nuestro se definen?

Es verdad que llegamos a adaptarnos, pero solo eso: "adaptarnos". En esencia nos queda el trago amargo de que hemos tenido que dejar muchas cosas nuestras que, por el mismo paso del tiempo, se han perdido para siempre. Nos viene entonces esa pregunta ontológica de ¿quiénes somos? En una primera instancia no sabemos qué responder, porque realmente no lo sabemos. Es como un vacío en la vida que uno quiere llenar, y es cuando viene la nostalgia, los recuerdos y los sueños que nos van envolviendo en una identidad extraña, algo que somos pero que al mismo tiempo dejamos de ser.

Todo esto lo tiene que haber sentido (y lo siente permanentemente) Aurelio de la Vega. Aun cuando seamos ciudadanos de Estados Unidos y hayan pasado años y años de vivir en el mejor nivel de las adaptaciones posibles, todavía se continúa sintiendo el vacío existencial que padecemos. Sin embargo, entre los recursos de vida que tenemos, se encuentra la esperanza de ser alguien por encima de todas las circunstancias. Y a esto contribuye de una manera defi nitiva el sentido de libertad en el que vivamos. La esperanza y la libertad, de hecho, nos rescatan del vacío; nos levantan y nos paran la caída. Es un contexto de oportunidades y de valores humanos ese que nos otorga la redención posible. Es entonces que podemos comprender que más allá de cualquier confusión existencial, De la Vega llega a convertirse en un ser universal; alguien que, por encima de todas las cosas, pertenece al mundo; un ser que, sin dejar su individualidad, posee una historia y una cosmovisión creativa que le representa y le ubican en el justo tiempo humano de su grandiosa creatividad.

Reconocimiento

No tuve la grata suerte de haber conocido personalmente a Lezama Lima. En los años de las décadas del 60 y 70 andaba yo con otras preocupaciones de estudio y de trabajo para poder subsistir, y aun cuando no era ya tan joven, solo podía complacerme con los asombros que me llegaban de la narrativa del *boom,* o desilusionarme con los disgustos que procedían de los escándalos culturales provocados por las condenas y anatemas a cualquier escritor o artista que pensara diferente. Pero, además, en verdad, mi visión literaria todavía era muy tímida para buscar un contexto intelectual amplio y de grandes figuras.

Recuerdo que muchas veces que pasaba frente a la Casa de las Américas me preguntaba si algún día yo podría trabajar allí, puesto que no niego que, en aquella época, siempre sentía atracción por aquel grupo de intelectuales y escritores que bullían en esa institución. No tenía idea siquiera de que unos cuantos años después yo pertenecería al grupo de investigadores que trabajaría en su Centro de Investigaciones Literarias, conocido como el CIL. Pero para ese tiempo Lezama ya había fallecido, y solo me quedaban de él sus libros y un gran sentido de misterio rodeando su figura legendaria.

Hoy lo que puedo decir es que José Lezama Lima, gracias al extraordinario valor de sus obras y al mismo correr del tiempo, que ha estado a su favor (lo que no ha podido ser de otra manera), ya ocupa uno de los sitiales más altos dentro de la historia de la literatura cubana, incluso dentro de la cultura literaria de Hispanoamérica y del mundo. Sentimos respeto por su obra y respeto por su figura de intelectual que siempre estuvo por encima de las intrigas y las conspiraciones; alguien que nos ha dejado una imagen venerable de Maestro con valía universal.

En cuanto al compositor Aurelio de la Vega, sí puedo decir que le conozco personalmente desde hace más de dos décadas y que incluso, aun cuando estaba en Cuba, ya oía hablar de él, en conversaciones esporádicas. Por supuesto, lo que escuchaba era sobre la absurda censura que se ejercía sobre sus obras en el país, nunca su música.

Desde que nos vimos la primera vez —como ya he relatado en el prólogo— hemos mantenido una buena amistad y, juntos, hemos participado en numerosos y diversos eventos literarios. Y fue él quien en el mes de octubre de 2016 hizo presentación de mi persona en el lanzamiento de mi último libro publicado, *Las vibraciones de la luz (Ficciones divinas y profanas) Intuiciones II*, en la Biblioteca Pública del Este de Los Ángeles. Y desde que nos conocimos he podido, finalmente, conocer y escuchar sus obras.

La idea de este paralelo literario y artístico surgió en medio de una conversación que tuvimos el Maestro De la Vega y yo sobre la gran creatividad que siempre subyace en Cuba, a pesar de todas las vicisitudes que sufren los cubanos desde hace tantos años, y cómo Lezama Lima, después de la salida de *Paradiso* en 1966, comenzó a tener problemas con el régimen, como prueba de la crasa intolerancia de un totalitarismo al mejor estilo estalinista. Entonces fue que me di cuenta de que la figura de Aurelio de la Vega había sido vista muy pocas veces por los críticos e investigadores musicales y literarios de la Isla, y que también nunca se había llevado a cabo una comparación entre estos dos grandes creadores. Y, de hecho, fue así que consideré la idea de esta mirada comparativa sobre dos figuras de gran importancia histórica en la cultura cubana.

En definitiva, los gobiernos, los sistemas económicos y sociopolíticos, y los movimientos ideoestéticos pasan, pero las buenas obras artísticas y literarias se imponen con el tiempo. Se harán entonces nuevas valoraciones y análisis, y se recuperarán los lugares de honor que a cada creador le pertenece, aun cuando en relación con José Lezama Lima se haya creído haber dicho todo y se encuentre que sus valores son inagotables. En el caso de Aurelio de la Vega nuevos críticos y musicólogos lograrán situarlo definitivamente en el destacado lugar que le corresponde en la historiografía de la música cubana.

Todo lo que he dicho de José Lezama Lima puedo decirlo de Aurelio de la Vega, quien aún nos acompaña, gozando audiciones de sus obras y eventos en los que se le rinde homenaje como el gran compositor que es. El autor de *Recordatio,* obra nominada a los Grammy 2017, todavía vive con gran lucidez, dedicado a celebrar los muchos frutos de una extraordinaria cosecha.

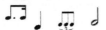

A varias de las composiciones de De la Vega, de las que hemos hablado, debemos agregar sus dos grandes trabajos sinfónicos, *Intrata* (1972), comisionada por la Orquesta Filarmónica de Los Ángeles, y *Adiós (Farewell)* (1977), comisionada por Zubin Mehta.

Además, se debe adjuntar como corolario, una larga lista de artículos e innumerables ensayos sobre música contemporánea, música electrónica y música de las Américas, así como estudios sobre el arte pictórico de América Latina. Este material ha sido publicado en los Estados Unidos, Canadá, México, Brasil, Argentina, España y Puerto Rico. La correspondencia con innumerables colegas compositores, directores, instrumentistas, cantantes, pintores, escritores y filósofos de los Estados Unidos, México, América Latina, Europa, India, Japón e Israel también se suma al legado de De la Vega.

Postludium

Cualquiera de las obras mencionadas anteriormente de De la Vega encuentran eco en los poemas de Lezama; cualquiera de las páginas de *Oppiano Licario* cuenta con un nicho en la *Intrata* de De la Vega. El secreto del poema "Un puente, un gran puente" (Lezama) toma concordancia con las sinuosidades de *Septicilium* (De la Vega), y los momentos orgiásticos de *Paradiso* (Lezama) siempre serán paralelos a las sonoridades explosivas de *Intrata* y de *Adiós* (De la Vega).

Por lo tanto, esta investigación sobre lo que es común entre estos dos notables creadores, el escritor José Lezama Lima y el compositor Aurelio de la Vega, podría arrojar algo de luz. Encontramos, de hecho, una igualdad de intención en la creatividad de ambos autores. Por otra parte, también hallamos la diferencia de sus biografías, pero, sobre todo, descubrimos la integridad de la inventiva en los dos: cuando se toparon con diversos obstáculos que incluían debates estéticos y dramáticos cambios sociopolíticos, nunca se desviaron de su arte. Convicciones de figuras muertas o vivas ya han encontrado una respuesta a las preguntas famosas de "¿Quién soy yo?", o "¿quiénes somos?". Y las respuestas resultantes ubican a estos dos creadores en el lugar elevado que merecen tener en los cánones de las culturas cubana y mundial.

El Mundo.es. Fotografía de Iván Cañas.
José Lezama Lima en su maravilloso mundo de imágenes,
libros, mitos y leyendas, haciendo historia
en su casa de La Habana.

Fotografía cortesía de Gerald Strang.
Aurelio de la Vega componiendo música electrónica mezclando
imaginación, magia y sonido. Laboratorio de Música
Electrónica, en el San Fernando Valley State
College (años después Universidad
Estatal de California,
Northridge),
diciembre,
1961.

ANNEXUS I

Libros de José Lezama Lima publicados[1]

Obras completas

José Lezama Lima: Obras completas, Tomos I y II, Edición de Cintio Vitier, México, Aguilar, 1975.

Poesía

Muerte de Narciso, La Habana, Úcar, 1937.

Enemigo rumor, La Habana, Úcar, 1941.

Aventuras sigilosas, La Habana, Ediciones Orígenes, 1945.

La fijeza, La Habana, Ediciones Orígenes, 1949.

Dador, La Habana, Úcar, 1960.

Fragmentos a su imán, La Habana, Editorial Arte y Literatura, 1977.

Novelas y cuentos

Paradiso (novela), La Habana, Ediciones Unión, 1966.

Oppiano Licario (novela), La Habana, Arte y Literatura, 1977.

Cangrejos, golondrinas (relatos), Buenos Aires, Calicanto, 1977.

Cuentos, La Habana, Letras Cubanas, 1987.

Ensayos

Coloquio con Juan Ramón Jiménez, La Habana, Publicaciones de la Secretaría de Educación, 1938. Reeditado por Cintio Vitier (ed.), *Juan Ramón Jiménez en Cuba*, La Habana, Arte y Literatura, 1981.

---

1 La bibliógrafa que aparece fue tomada de Javier Fornieles Ten. Por razones obvias de espacio no se añaden los contenidos de los libros, ni las reediciones hechas en Cuba y el extranjero. Solo se añaden las ediciones príncipes y, por la importancia histórica que conlleva, también su correspondencia con diferentes destinatarios.

Arístides Fernández, La Habana, Publicaciones del Ministerio de
Educación, 1950.

Analecta del reloj, La Habana, Ediciones Orígenes, 1953.

La expresión americana, La Habana, Instituto Nacional de Cultura,
1957.

Tratados en La Habana, Santa Clara, Universidad Central de Las
Villas, 1958.

La cantidad hechizada, La Habana, UNEAC, Contemporáneos, 1970.

Antología de la poesía cubana, selección, edición y estudio preliminar
de José Lezama Lima, La Habana, Consejo Nacional de Cultura,
1965, 3 vols.

Correspondencia

Cartas (1939-1976), Madrid, Editorial Orígenes, 1979. Edición de
Eloísa Lezama Lima.

Cartas a Eloísa y otra correspondencia, Madrid, Ed. *Verbum*, 1998.

Correspondencia con María Zambrano. Correspondencia entre María
Zambrano y María Luisa Bautista. Edición de Javier Fornieles Ten,
Sevilla, Renacimiento, 2006.

Querencia americana. Juan Ramón Jiménez y José Lezama Lima,
relaciones literarias y epistolario. Sevilla, Ediciones Espuela de
Plata, 2009. Edición de Javier Fornieles Ten.

Rodríguez Feo, José: Mi correspondencia con Lezama Lima, La
Habana, Ediciones Unión, 1989.

Principales obras de Aurelio de la Vega
compuestas en Estados Unidos[2]

Symphony in Four Parts (Sinfonía en Cuatro Partes) (1960), para
orquesta. Obra comisionada por Inocente Palacios para el
Primer Festival Interamericano de Música, Washington, DC.
Composición dodecafónica.

Structures (Estructuras) (1962), para piano y cuarteto de cuerdas.
Obra comisionada por la Fundación Coolidge de la Biblioteca del
Congreso. Composición dodecafónica.

Exametron (1965), para flauta, chelo y cuatro percusionistas. Obra
dodecafónica.

Exospheres (Exosferas) (1966), para oboe y piano. Obra dodecafónica
de estructura variable, comisionada por el oboísta John Ellis.

Antinomies (Antinomias) (1969), para piano. Primera obra no serial
de De la Vega de las compuestas en los Estados Unidos. Uso libre
de grupos de doce notas que nunca se repiten en igual orden.
Todas las obras subsiguientes del compositor estarán basadas en
este sistema hasta llegar a las *Canciones transparentes de 1995*, que
vuelven a exhibir centros tonales. Obra comisionada por el pianista
Alfonso Montecinos.

Labdanum (1970), para flauta, viola y piano.

Tangents (Tangentes) (1973), para violín y sonidos electrónicos.

Para-Tangents (Para-Tangentes) (1973), para trompeta y sonidos
electrónicos. Como experimento que resultó feliz, De la Vega usa
la misma banda de sonidos electrónicos en *Tangents* y en *Para-
Tangents*, mientras el contexto solista (violín y trompeta) tiene
material melódico distinto en cada composición. *Para-Tangents*
fue comisionada por el trompetista Thomas Stevens.

Septicilium (1974), para clarinete y seis instrumentos. Obra
comisionada por el Festival de Música Contemporánea de la

2 Estos datos, y los anteriores de su lista bibliográfica, así como otros específicos
de su vida y obra que se encuentran en los textos, los obtuve en conversaciones y
trabajo de revisión en conjunto con Aurelio de la Vega.

Universidad de California en Los Angeles, 1974.

Olep ed Arudamot (1974).

The Infinite Square (El cuadrado infinito) (1975).

Andamar-Ramadna (1975).

The Magic Labyrinth (El laberinto mágico) (1975).

Astralis (1977).

Nones (1977).

Corde (1977). Estas siete obras son las llamadas "partituras gráficas" de De la Vega. Pueden ejecutarse con cualquier número de instrumentos y/o voces, y pueden ser colgadas en una pared como obras de arte. Las cuatro primeras obras fueron comisionadas por Gloria Morris y las otras tres últimas por Francisco Lequerica.

Inflorescencia (1976), para soprano, clarinete bajo y sonidos electrónicos, sobre un poema del compositor.

Undici Colori (Once colores) (1981), para fagote con o sin proyección de doce transparencias en colores, que son otros tantos *collages* del propio De la Vega. Obra comisionada por el fagotista Donald Christlieb.

Galandiacoa (1982), para clarinete y guitarra. Obra comisionada por el clarinetista Julian Spear.

Tropimapal (1983), para nueve instrumentos. Obra comisionada por American Chamber Orchestra, Los Angeles.

Asonante (1985), para soprano, siete instrumentos, uno o más bailarines y sonidos electrónicos. Sobre un poema del compositor. Obra comisionada por la Universidad de California en San Diego, en honor de Ernst Krenek.

Memorial de la ausencia (1985), para chelo solo. Obra comisionada por el mecenas brasileño Andreu dos Santos.

Adramante (1985), para soprano y piano, sobre un poema de Octavio Armand.

Magias e invenciones (1986), ciclo de canciones para soprano y piano, sobre cinco poemas de Gastón Baquero. Obra comisionada por la Sociedad de Conciertos de Zaragoza, España.

Testimonial (1990), para voz femenina y cinco instrumentos, sobre versos de Armando Valladares. Obra comisionada por Encuentros de Música Contemporánea, Buenos Aires, Argentina.

Madrigales de entonces (1991), para coro *a capella*, sobre versos de Heberto Padilla. Obra comisionada por John Alexander.

Bifloreo (1992), para guitarra. Obra comisionada por el guitarrista Anton Machleder.

Canciones transparentes (1995), para soprano, clarinete, chelo y piano, sobre versos de José Martí. Obra comisionada por Florida International University, Miami, en conmemoración del Centenario de la Muerte de Martí. Esta es una de las obras más conocidas de De la Vega. En esta composición, y en las subsiguientes hasta llegar a *Recordatio*, el compositor abandona su sistema atonal de células de doce fusas no repetitivas pero que cambian constantemente de orden, y regresa a la utilización de centros tonales fluctuantes.

Homenagem in memoriam Heitor Villa-Lobos (1987), para piano. Obra comisionada por el pianista José Eduardo Martins.

Variación del recuerdo (1990), para orquesta de cuerdas. Obra comisionada por la Culver City Chamber Orchestra.

Variación del recuerdo, versión II (2005), para dos sopranos, seis voces, clarinete, vibráfono y marimba, sobre un texto del compositor. Obra comisionada por la Fundación Moldenhauer de la Biblioteca del Congreso.

Recordatio (2011), para soprano, quinteto de alientos y quinteto de cuerdas, sobre un poema de Emilio Ballagas. Obra comisionada por North/South Consonance, New York.

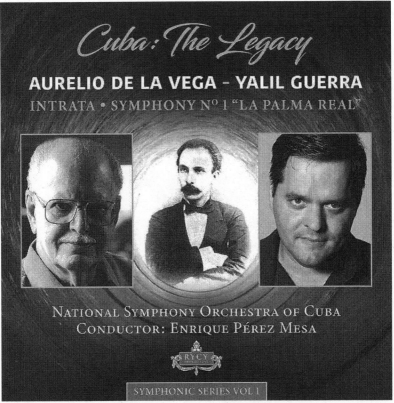

La herencia martiana expresada en novedosos sonidos.
Disco compacto publicado por RYCY,
Granada Hills, California,
Mayo 20, 2019.

ANNEXUS II

Intrata, un asombro histórico
en el Teatro Nacional de La Habana

El caso es que, para sorpresa de muchos, cuando ya se creía que lo del 2012 había quedado como un simple empeño de posibilidad pero que, en verdad, no iba a ocurrir ningún hecho real del esperado descongelamiento de la música de Aurelio de la Vega —figura en el exilio de la música clásica cubana—, en el periódico *Granma* (Jueves, 9 de agosto de 2018, n. 189; edición única en La Habana), sorpresivamente, apareció un artículo del periodista y crítico Pedro de la Hoz, titulado "La vanguardia y la palma", en el que se exalta el acierto histórico de dos estrenos: "uno mundial, la *Sinfonía No. 1, La palma real,* del compositor cubano, residente en Los Angeles, Yalil Guerra, y la primera audición en la Isla de *Intrata,* de Aurelio de la Vega".

Realmente esto es un acontecimiento histórico: el hecho de que el régimen haya autorizado que se tocara en la capital de la Isla una de las obras más importantes del Maestro De la Vega, y que además haya salido una crítica favorable a nuestro compositor en el periódico *Granma,* que es el órgano oficial del Comité Central del Partido Comunista de Cuba. Por la importancia que conlleva este suceso es necesario que aquí también se haga el justo reconocimiento de este hecho tan sorprendente. En justicia, es bueno que se admita que la cultura, y en este caso la música clásica, se encuentra siempre por encima de todo tipo de barreras ideológicas y políticas.

Al respecto, cito varios fragmentos elogiosos del articulista Pedro de la Hoz, con el propósito de mostrar el respeto y la objetividad con que están escritos sobre la obra del Maestro Aurelio de la Vega:

De la Vega es uno de los más genuinos y sólidos representantes de la vanguardia cubana de la música de concierto, en la que fue un precursor al asimilar ya desde los años 50 del pasado siglo la herencia del dodecafonismo y el atonalismo, con obras como *Elegía* (1954) y el *Cuarteto de cuerdas* (1957) que dedicó a Alban Berg.

Y más adelante precisa:

Intrata (...) seduce por la solidez constructiva con que despliega con audacia exploraciones tímbricas y contrastes rítmicos de permanente vigencia.

Mucho queda aún por promover entre nosotros, como se debe, el repertorio de Aurelio de la Vega, quien ocupa por derecho propio un lugar en la cima de la música cubana contemporánea a la altura de Harold Gramatges, Juan Blanco, Carlos Fariñas y Leo Brower.

Estas frases son suficientes para comprender la importancia y trascendencia de este estreno cubano de la *Intrata*. Ojalá que esta puerta abierta oficial a la música de Aurelio de la Vega no vuelva a cerrarse. Sería muy triste para Cuba y su cultura semejante aberrante vuelco.

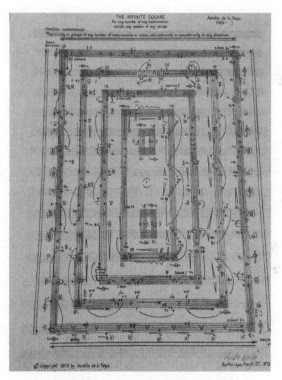

The Infinite Square (*El cuadrado infinito*), obra de
Aurelio de la Vega, para cualquier número
de instrumentos y/o voces. Northridge,
California, 1975.

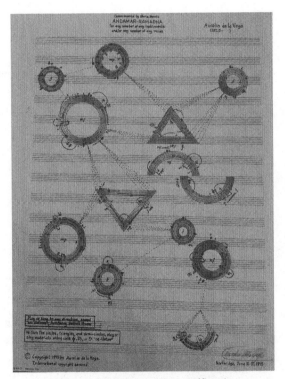

Andamar-Ramadna, partitura gráfica de
Aurelio de la Vega para cualquier
número de instrumentos
y/o voces. Northridge,
California, 1975.

Datos del autor

Manuel Gayol Mecías. Poeta, narrador, ensayista, crítico, investigador literario y periodista cubano. Fue miembro del Centro de Investigaciones Literarias de la Casa de las Américas, en La Habana. Ha obtenido importantes premios literarios en Cuba y en EE.UU. Ha sido jurado de narrativa y de ensayos en concursos de Cuba y Estados Unidos. Trabajó durante casi 18 años en el periódico *La Opinión,* de Los Angeles, como Copy Editor y Editor. Ha publicado numerosos libros, entre los que figuran *Regocijo del criterio* (crítica/ensayos), *1959. Cuba, el ser diverso y la Isla imaginada* (ensayos), *La penumbra de Dios* (ensayos), *Ojos de Godo rojo* (novela), *Marja y el ojo del Hacedor* (novela), *La noche del Gran Godo* (cuentos) y *Los artificios del fuego* (relatos). Es miembro del Pen Club de Escritores Cubanos en el Exilio y de la Academia de Historia de Cuba en el Exilio, así como presidente de su filial de California. Es vicepresidente de Vista Larga Foundation y dirige la revista *Palabra Abierta* (www.palabrabierta.com) y la editorial homónima. Su correo electrónico es: mu.gayol3@gmail.com.

Foto cortesía de Anne Marie Ketchum de la Vega.
Satisfecho de su legado, Aurelio de la Vega en el patio de su casa en
Northridge, California, en mayo de 2020.

In times like the present where everything is emotional and subjective, with the resulting obliteration of the objective and of logic, rational flashes appear here and there. Manuel Gayol Mecías, sagacious writer, momentarily leaves aside the quasi-fantasies of his novels and walks into splendid and very personal speculations, attracted by my creative work. So, this fascinating book, full of ideas, is born.

Aurelio De La Vega

Aurelio De La Vega

Impressions from Afar

Aurelio De La Vega

IMPRESSIONS FROM AFAR

Manuel Gayol Mecías

With a Prelude by Dr. Eduardo Lolo

ENGLISH EDITION

New York, NY

2020

Eastvale, California

2020

Academia de la Historia de Cuba en el Exilio, Corp.
directiva@academiahce.org
P.O. BOX 521364
Flushing, NY 11352

Palabra Abierta, Eastvale, California
www.palabrabierta.com/mu.gayol3@gmail.com

In honor of the 95th Birthday
of Maestro Aurelio De La Vega

Gratitude

In the first instance, to Dr. Aurelio De La Vega for the approval of my book and its magnificent translation of my texts. Also, to his wife Anne Marie Ketchum for the revision, adjustment and typing of the writings in English.

In the same way I appreciate the excellent study written by Dr. Eduardo Lolo, President of the Academy of History of Cuba in Exile, Corp., and his recognition of this book.

Also, to the designer and painter Ángel Marrero for the making of the book's beautiful cover and back cover, as well as for the artistic illustration of the graphic stamp in greeting to Dr. Aurelio De La Vega's 95th anniversary.

To my friend Dr. Ivette Fuentes de la Paz because with her I have learned many excellent literary things that, I suppose, are found in this book.

Likewise, to the brothers Ernesto and Ileana Bustillo for their interest in this book and the courtesy with which they gave me some photos of their uncle-grandfather José Lezama Lima.

CONTENTS

Aurelio at the piano in his living room,
Miramar, Havana, 1952.

Thanks for the music,
mysterious form of time

Jorge Luis Borges

Prelude

By Eduardo Lolo

According to the well-known Biblical text, in the beginning it was the Verb, and the Verb was in Him. If so, it could also be said that music was initially, since the Verb is a word and all words express themselves through tone, rhythm and cadence: sonorous message that in its own condition we musically emit and receive it. And since He made us similar to his image and resemblance —citing again the same source—, we all express ourselves equally through music, from the deep menacing grunt of the caveman to the sharp arpeggios of a current soprano of coloratura.

Even a single word changes or contradicts its original meaning according to the intention of the speaker, expressed through changes of intonation and volume; in a word, via its melodic variations. Includingly, in a given language there are marked musical differences: for example, the sound of Spanish is totally disparate when uttered by an Argentinian or by a Mexican. In contrary direction music *per se*, in its condition of recipient of feelings, dreams and nightmares, is also word, although ineffable and without any idiomatic ties.

The relation word-music is not, however, the only one that could be artistically identified. Arts never develop alone. Although its appearance is usually circumscribed to one given discipline, even to one single genre, the artistic reception is habitually interdisciplinary. In reality any type of artistic producer is, before creator, an active recipient of art. The creative action is not more than the reflux of the received art —of all art—, returning, in a personal way, according to the vocation and aptitude of the artist.

The phenomenon that gives life and clarifies what was said in the previous paragraph is quite simple: art enters in a gush the chest of the creator; then comes out as if going through an eyedropper. Without a torrent of multiple words, colors and melodies when entering, little if nothing could art later distil while exiting. This way, in the strokes of a painter there is music and words, acting as a substratum; in the verses of the poets, harmonious sounds and chromatic imagery; in the solid enchantment of the sculpture, fragile sparkles of light, echoes of an always new symphony, an even whispering of words coming from the liberated metal or rock; from the geometrical pages of a composer's score, there emanates full sentences, while admiring colors and architectural designs dance around. How often after a poem there is a hidden opera or, conversely, a poem reveals an opera. An artist's life is nothing more than the forge of all the arts, although its product emerges as a given particular specialty. Is it not true that the existence of a grain of sand rests on the sober reality of the whole Universe? From the artist's creative spring, dissimilar variants in form, but similar in content, may emerge from the instilled sources as "responses" to similar roots.

The present book of the essayist, novelist and poet Manuel Gayol Mecías displays four essays on the work of the composer Aurelio De La Vega, who is for Gayol a kaleidoscopic creative figure that encompasses music, painting and literature. The writer emphasizes the importance of De La Vega in Cuba's musical canon, as well as his spiritual and almost metaphysical musical spectrum, which Gayol treats fascinatingly, in his third essay, in establishing a convincing relationship between De La Vega and Pythagoras, going through the "Platonism" of the music of the spheres.

The last essay in the book —the most extended of them all— establishes a fascinating and historically needed parallel interweaving the works of writer José Lezama Lima and those of De La Vega. In this essay, Gayol substantiates his comparison between the works of the two Cuban creators by establishing what is common and different amidst them. Both shared the same epochal *milieu,* and the legacies and reputations of both were disfigured for a long time —by work and (dis)grace of the long-lived Castroite totalitarianism— and degraded to the level of 'non-person': Lezama in the 'insile'; De La Vega dressed with the frayed garments, full of history, of the exiled. Innovation was the constant state of mind of both, similar to the vibrancy of the Island, with its syncretism of languages and various races, which 'go native' by the effects of the raptured sun and the sea of gleaming gems. In Gayol's essay neo-Baroque verses intermingle with dodecaphonic serial music; Lezama and De La Vega walking hand-in-hand, both cast in art. The two represent Cuban national culture longing for universality, in a non-stop voyage from the motherland to the cosmos.

But there is more: in this essay the dichotomy assumes garments of old and new colors, its bilingualism carrying its music to new and different ears. The concoction of the writing was achieved under the seal of two houses, matched for the first time culturally and brotherly: Open Word Editions and the Editorial of the Academy of Cuban History in Exile, Corp. Gayol and De La Vega, as well as painter Ángel Marrero (the graphic designer of the book), are numerary members of the Academy, so the Academy becomes Open and the Word seemingly transforms itself into History.

However, the diversity as a fundamental element of Gayol's essay does not stop here. To similar rhythms which give unity to the piece, Gayol adds judgements born on the celluloid —as an ekphrastic contribution— in the section dedicated to Camilo Vila's documentary on Aurelio De La Vega (*Aurelio: Rebel with a Cause*), while in another score (I mean: at the turn of a twist of melodious pages) Gayol goes to the best levels of journalism to treat us with an interview with De La Vega full of deep questions and answers. Even when it is an essay, film review and interview full of riding words, the harmonious sound that permeates Gayol's sonorous substratum cannot be ignored. That is why I have assessed these brief introductory paragraphs not as a *Preface* but as a *Prelude*, given the musical atmosphere that underlines all the essays of Gayol's book. What follows, as it is easy to substantiate, is a symphony to be heard with soul and imbricated thinking.

Up to here go my overture beats expressed in words. So not to detain more the eager reader and I finish —considering its in vogue urgency— with an extended paragraph which I wrote some time ago for a concert of De La Vega. I said then and I reaffirm now my concepts:

Cuban culture has always been a concert of anguishes in a two-voice counterpoint: one part of that culture in the Island, combatively surviving the colonial or the totalitarian asphyxia, and another in exile, dreaming of dawns. At the end of each historical epoch the best of the two fountains, air and light conquered, shape the legacy of the Cuban people with a chant. Only a few are able to see the permanency of their names, immune to the passing of time, forming part of that legacy. Aurelio De

La Vega is one of them. His music is Cuban on two fronts: one because it gratefully accepts the received inheritance of its culture, and another because it envisions a future musical 'Cubanness' which overflows its own frontiers. In reality, independently from its present and indisputable success, the music of this great composer receives today the applauses of the day after tomorrow. It is music of the future visiting the present, granting us a preview of what will come within the stirring of time and the flapping of souls that is the art of Aurelio De La Vega. Thanks to the artists like him, we Cubans of today are rejoicingly aware that only the air and the light are amiss. We already have the chant.

New York, Spring of 2019

Aurelio in his living room,
Miramar, Havana, 1945.

Prologue

AN INFINITE CREATOR

Once in a while, when I lived in Cuba and felt besieged by the absence of any type of liberty, news about the name of Aurelio De La Vega (b. Havana, 1925) reached my ears. The discovery of such a name, which came accompanied by sporadic news regarding his ascending musical career in the world and the prizes bestowed upon him, far away from Cuba, came shrouded in the soft whispering which was the norm in the cultural circles of the Island.

I remember that during the 80s people would talk, behind closed doors, of a Cuban classical music composer who was creating pan-tonal, serial and aleatoric works, and who had emigrated to the United States since 1957. Apparently, he had been unable to tolerate the rampant, cheap, prevalent artistic nationalism, the total mediocrity of the official governing cultural milieu, and the repressions associated with a dictatorship. In fact, that dictatorship had censored the music of Aurelio De La Vega for more than 61 years, to such a degree that he had become, in a typical Stalinist way, a non-person for his fellow countrymen.

Today I can say that among the most important things that have happened to me during my exile in the United States, is the fact of meeting personally Doctor and Master Don Aurelio De La Vega.[1]

---

1 I met him in the year 1995. It was during an intense gathering in the home of painter and art designer Ángel Marrero. I had arrived to the United States after

His friendliness has been for me a great incentive in the human, cultural and creative order, since in all our encounters I could detect the profound ethic-aesthetic sense of his words in relation to art and literature, specifically in regard to his own music. To listen to his musical creations in concerts, in recordings and on the Internet has produced in me a true pleasure full of internal emotions, since in those sounds, feelings that could lay in me hidden and motionless, come to life in a splendid way. De La Vega's compositions enliven the concept that things and sounds have humanity, in essence remaining inside ourselves, waiting for the right, receptive and exceptional

---

living some time in Spain, and several of the people there wanted to know my impression of Cuba.

I remember that I was talking about the review *Vivarium*, which congregated several of us, writers and scientists, for gatherings at the Archbishopric of Havana. I was explaining how *Vivarium* was the first non-official publication that had emerged in Cuba as an alternative to the myriads of broadcasts, proclamations and indoctrination activities, when Aurelio De La Vega, that great composer of classical art music, appeared at the door and quickly sat among us.

Aurelio's presence was a sudden jolt for both Gladys, my wife, and myself, even when we knew he was coming, since Ángel wanted us to meet him. The first thing we noticed was his tall figure as a solemn professor with Nordic features, intimidating not only because of his vast catalogue of musical works but also on account of his fame as an academician of vast culture. His initial words served as a brief interexchange of pleasantries with us, immediately revealing an affable and courteous form of address, which suddenly transformed itself into an interest to know what was happening in his motherland. When we talked about the Island one could see his fervidness for the subject, his face at times illuminated, while at others becoming sad, turning quickly into a reproach of the oppressive political, social and cultural system that was imposed on the Island by the Castro revolution. At the moment of our encounter, that Cuban New Order was 40 years old.

Aurelio's voice was very vigorous, at some expressive moments becoming soft and diaphanous. He described for us his years in Cuba and his founding of the School of Music at the University of Oriente, in Santiago de Cuba. That night was the beginning of a long friendship.

moment to emerge. This is one of the great connotations of the music of De La Vega: its ability to give sonorous life to our feelings and to the intimate values of the relationships of the human being, all through passion and intelligence.

I have always believed that his invention -I mean the disposition of Aurelio to reveal his own world- is cosmic. In reality it is a spiral that gyrates in his mind like a resonance of language -a language that produces forms, colors and poems. And it is because of this, in the sense of literature and particularly of good poetry, that I have always believed that Aurelio De La Vega has always been close to the Orígenes group, at least in its transcendency. Therefore, a parallelism between him and the poet José Lezama Lima is a l0gical and valid proposition. Above all, the vehement insistence of both to renovate music and literature creates a firm analogy between them. Once, Lezama told another composer, poet and friend, Reynaldo Fernández Pavón, that "the composer Aurelio De La Vega was very akin to the Orígenes group".

On the other hand, to perceive and begin to understand De La Vega's music, I will mention only two early works of his, available on *YouTube*, that will give an idea of the enormous creative abundance of ideas that accumulates in the totality of his compositions -true creations invented to give sonorous life to beauty, to rapture and to frenzy, and to the imagination and the intellect.

First is *La fuente infinita* ("The Infinite Fountain") (1944), with soprano Shana Blake Hill and pianist Victoria Kirsch, on poems by the Cuban poet José Francisco Zamora ("One Loves more than Once", "The Truth of Love", "Invocation") -a work where softness and tenderness combines with the beauty of the voice and of the face of the soprano, all over a piano that flows like light waves of a sublime sea; chords for placidness, voice for the love of an extraordinary soul, and notes that glide through the high and low register of the piano. The revelation which sprouts from the fountain advises us of the beauty of love.

Then comes *Leyenda del Ariel criollo* (Legend of the Creole Ariel) (1953), for cello and piano (that received the Virginia Colliers Award in 1954), an example of how the composer marks a moment of inflection, of search for something hidden that wants to emerge, but at the same time our composer feels his soul defenseless when confronting the coarseness of the Cuban ambiance. There are combinations of red and blue, that bring forward many thematic expressions derived from Cuban folklore and Cuban popular music rhythms. All these elements slide into long spaces and then jump, producing various *ballet*-like tiptoe figures. For me, Ariel is a dancer, going through lyric moments and dramatic ones. At given moments he shows dark circles under his eyes, observing cautiously the Island. Then, the breast of the dancer (Ariel) turns disquiet and amazed, because he knows that everything escapes from his hands, and he makes gestures with them to outline an invisible sadness always concealed, a melancholy and a sorrow dressed with affliction and grief, portrayed in the music by unexpected *crescendos,* and phlegmatic *decrescendos,* to end covering his countenance to imbibe that way his own tears of impotence and pain.

Our composer has had many birthday celebrations in total creative plenitude, and today —while this book is being written— he treasures an extraordinary wealth of knowledge and passion. During all the years I have known him I have never detected in him a symptom of weakness or of discouragement, since dispiritedness for him is an alien feeling. Sadness engulfs him only when he talks about *his* Cuba —a country which in its secret culture discovered by María Zambrano, reserves for him a future place of honor, still unaccounted for by the present Cuban government.

For him, it has been a time of fearful concealment by the Cuban regime, which for many decades tried to banish his music and get rid of his presence. But all of this is in vain: it has been a short time of fear in front of the Maestro, since we know that Aurelio De La Vega has become perennial. Things around him will gather together to give back to the Island a reborn creator. Therefore, his voice is as vital today as it will be always, full of the strength of a young and imperishable soul. And now, with his hair white as snow, Aurelio adds the piercing look of the governor of discovered lands, and seated in the place of the world that is his, with increased wisdom, he looks at Cuba among the stars, with fixed eyes.

MGM

Cover by Ángel Marrero
Aurelio De La Vega has been a man of various motivations:
Cuba, his music and his imagination. Cover of the
DVD *Aurelio: Rebel with a Cause*,
directed by Camilo Vila and
produced by him and
Kert Vander Muelen,
Los Angeles,
2014.

Aurelio De La Vega: Rebel with a Cause

DOCUMENTARY BY CAMILO VILA

Aurelio De La Vega: Rebel with a Cause is an excellent documentary by Camilo Vila that shows a historical man still making history. De La Vega's music merges all the human emotions and exalts the virtue of feeling—the only intuitive way to fuse the intelligence with the sensitivity of the spirit. His music is a forge of emotions, sometimes flowing in a racket of hands and claps, at other times breeding sounds of faraway grandiosity. It is a music expressed in most intimate and remote harmonies like ancestral dreams that breath in cities and plazas discovering secluded horizons of marine twilight.

This is Aurelio's verb, proclaiming a war of nerves, a peace of arpeggios slowly quieting to suddenly find silence's perfect combination. That silence, though, secretly speaks, as if to prepare us for the splendid eruption of an anxious chimera that just begins. From my point of view, one of the most important characteristics of Aurelio's compositions is the complex addition of human feelings it exhibits, making it a kaleidoscopic compendium of trepidations that produce an exalted quivering in the auditor, awakening sensations only fully perceived by the intelligence of the heart; in a word, the rage and the quiescence of the sounds which make themselves magically alive.

As we affirmed before, Aurelio De La Vega is, in fact, a historical composer of classical music still provoking history. He is awe-inspiringly portrayed, soul and body, in this exceptional documentary by Camilo Vila, which shows De La Vega's authentic sequence of love with life, with his own work and with a profound Cuba, thus portraying a man who has richly respired within the cosmos of sound. His music is a reliable reflection of how human feelings and thoughts are perceived and projected through a cultured intelligence, as well as an example of an essential emotivism which lies hidden in a Cuba still unknown, buried in that invisible and suffered Island awaiting a true discovery. Aurelio De La Vega is the occult side of a class of Cuban very unperceived in his own homeland, but who has always existed and exists, vibrating in history's remoteness and in the horizon of a country that someday, through a free, universal, non-political education, will rise from its ashes to be what it truly deserves to be: a luminous land free of hate and envy.

One must point out that the anti-communist spirit of De La Vega made him reside in the United States, far away from any contact with the Castro regime. He has paid dearly from this valiant attitude, his music censored and proscribed in Cuba, making it virtually unknown to several Cuban generations. This Stalinist, non-existing status, was inexorably maintained until 2012, when awareness of his music, if not playing it, surfaced. This was followed by the courageous broadcasting of some of his works and recently and finally, the physical playing of two of his compositions after 56 years of a forced parentheses.

Figures like Ignacio Cervantes, Laureano Fuentes, Hubert de Blanck, José White, Ignacio Espadero y José Manuel "Lico" Jiménez, among others in past centuries, and Amadeo Roldán, Alejandro García Caturla, Gonzalo Roig, Carlos Fariñas, Julián Orbón and Aurelio De La Vega in recent times, have nobly placed the name of Cuba in the international music scene.

Regarding these facts, Aurelio has always remained a highly sensitive and elegant human being, creating his music far away from vulgarism, opportunism and easy populism, gearing his creativity towards that model which inserts itself in the labyrinths of Spanish philosopher María Zambrano's *The Secret Cuba*. She herself, in a sudden impulse of solidarity and filiation with intelligent, cultured Cubans, once explained to José Lezama Lima her discovery of the conundrum that was Cuba. That mystery creates a parallelism with De La Vega's music, whose composer's steps have been able to revolutionize Cuba's art music not only in its local catalogue but in the big diapason of international classical music. However, Aurelio's exemplary creativity remains concealed to the great majority of Cubans, partially hidden in the shadows and the mist of political censorship.

Beyond the fact that in Cuba, after the decade of the 1960s, there exists a certain cultivation of an art music that goes beyond the popular genres —we must remember the initiative of Leo Brouwer, to try to find new sounds through the creations of the ICAIC Group of Experimental Sound (recognizable effort that went beyond the magnificent popular music)—, the political populist obsession that still flourishes in the island, implanted, defended and unfurled by the "revolutionary" Government, which although it made efforts to obtain a greater development of art (or classical) music, it did not insist that what is understood as "classic" should not be overshadowed by any other musical initiative. This phenomenon reminds us that music on the island, to a large extent, was controlled in the Republican Cuba by commercial interests, and in a certain current socio-political climate, a few years ago, by an excellent group like Buena Vista Social Club, even when that traditional ensemble was not the only one that could represent Cuba.

It is this type of circumstance that has led Aurelio De La Vega to not believe or contribute to the promotion of a commercialist figuration, and even more, like in some cases today, not to establish a position which would create a disadvantageous image that could damage us as beings capable of that thinking and feeling.

And now that I mention "thought and feeling" as a point of civilized equilibrium, I come back to the superb documentary of Camilo Vila, where Aurelio so well expresses — without despising the excellent popular music that exists in Cuba— his preference for the cultivated form of creating an intelligent music , which transforms his compositions into projections of emotions beautifully expressed by a thinking creature. Vila's professional and effectively directional creation captures the voices of different distinguished composers, interpreters, musicologists, painters and writers who talk and comment on the repercussion and importance of Aurelio De La Vega 's music , as a way to pay homage to the strength and unusual validity of this remarkable Cuban composer.

Aurelio in 1943, at the age of 18.
Havana, Cuba.

Aurelio De La Vega[1]

"THE NATURE OF MY MUSIC IS A REFLECTION OF MYSELF"

[Interview]

Maestro, Doctor and Distinguished Emeritus Professor of California State University, Northridge, Aurelio De La Vega (b. La Habana, 1925) is a Cuban composer almost unknown in his motherland and, by contrast, very prominent in the international classical music scene and in particular in the United States, the country in which he has reside since 1959. His dodecaphonic music —with its freely atonal, pan-tonal, and serial varieties, including electronic elements— has been exiled from Cuba, together with him, for over fifty years until, according to the Los Angeles *Daily News*, the prohibition of hearing and/or playing his music in the Island was supposedly lifted in 2012.

That same year the review of the Havana Archdioceses *New Word* published a solid and ample article on the Cuban-American composer in which its author, Roberto Méndez, confesses that he

---

1 Special interview granted to the digital magazine *Palabra Abierta*, on July 10, 2015. Subsequently, on October 22 of that same year, its version translated into English was published on the same digital page, by Aurelio De La Vega himself. [https://palabrabierta.com/the-nature-of-my-music-is-a-reflection-of-myself-aurelio-de-la-vega/]

thought that De La Vega "had died in oblivion". It is believed that following that article, Méndez' writing marks the rebirth of the composer in the Island's media.

Later that same year, Cubanow.net, the official digital review of Cuban art and literature, went so far as to say that De La Vega was "an illustrious Cuban" and "one of the two most important live Cuban composers of classical music of the present". Expressions like these would make one think that something in Cuba was truly changing. However, over two years have passed since Méndez' article for *New Word* was published, and not much is known regarding how many times and in what venues De La Vega's music has been played in Cuba2, including his Prelude No. 1 for piano —a work which recently appeared on the CD *Live in LA*, published by RYCY Productions, and which was nominated for a Latin Grammy in 2012 as Best Work of Classical Music.

In antithesis to the official silence that up to today surrounds Aurelio De La Vega's music, the composer has accumulated many international distinctions, including the prestigious Friedheim Award of the Kennedy Center for the Performing Arts. Likewise, his music is interpreted by the most important orchestras, chamber music groups, instrumentalists and singers the world over. In a parallel fashion, De la Vega has over the years offered countless lectures and seminars on contemporary music in the United States, Latin America and Europe.

2 It is necessary to clarify that, when this interview was published in the digital magazine *Palabra Abierta*, the extraordinary event of the first performance of *Intrata* on the Island had not yet occurred, nor the highlight of the same event in the newspaper *Granma* (official organ of the Central Committee of the Communist Party of Cuba). At this unusual event in the Covarrubias Hall, of the National Theater of Havana, I expose the details, later, at the end of the essay in which I establish a parallel between the figures of José Lezama Lima and Aurelio De La Vega.

De la Vega practiced, early in his career, the several variants of dodecaphonic music, a system of composition created by Arnold Schoenberg in 1921. The composer soon became a prominent exponent of this type of music, where he brilliantly combined, with lucid intelligence, all sorts of atonal structures. One of his most important contributions was the series of graphic scores from the 1970s —the most famous of which is *The Magic Labyrinth*— where he combines music and painting. These hand colored graphic scores amalgamate an exquisite and beautiful visual array of pentagrams, which create innumerable forms that float on the score page, with endless amounts of single notes, melodic fragments, accidentals, dynamics, accents and reversible music cells that originate a strong array of emotions. In all of De La Vega's compositions there is a combination of intelligence and soul that expresses the different sentimental states of the human being —a whole gamut of sounds exuding the spectrum of human universality. In a few words, this is music capable of transporting an audience to a series of high level planes of abstraction without losing track of moments of sublime serenity, intense sadness or happiness, or deep passion and grandiosity.

A remarkable aspect of Aurelio De La Vega's personality is that he knew how to be different from all that had been done in Cuba up to the middle of the last century regarding classical music. The most extraordinary part of his rebellion is that his anti-musical nationalism was carried out without ever forgetting his Cuban roots. How to arrive, thus, at such an intrepid and mysterious symbiosis between his abstract sounds and his "Cubanness", where he mixes his mathematical sense of structure with a sonorous overflow of the ineffable, is something difficult to explain. To eventually clarify this puzzle, one must be able to unveil some key words, like intelligence, emotion, discipline, perseverance and rebelliousness.

Palabra Abierta (Open Word) Digital Review has today the happy possibility of penetrating more deeply into the creations of Aurelio De La Vega —one of the most important Cuban-American composers of today, and one who exhibits a profile of international relevance— by posing to him some questions that may shed light on his life and work:

1.- Manuel Gayol: *Aurelio, I know you have established —from a musical historical perspective in your interesting essay titled "Nationalism and Universalism: Cuban Music in the 50s decade" —the differences between atonal, dodecaphonic and/or serial music, and traditional and even tonal classical music. However, I would like you to state briefly for our readers your explanation of such differences. Also, would you please elucidate what was the profound creative reason that moved you to embrace the type of music you compose, so distant from the easy taste of the big crowds?*

Aurelio De La Vega: In the first place let us emphasize that music —the most abstract of the arts, the most difficult to understand in its most complex forms, beyond the simplistic song with text— is the last of the artistic forms of expression which appears in any culture. Just remember ancient Greece, paradigm of philosophy, theater or architecture, and one can see that in contrast to its formidable socio-cultural achievements that even today cause astonishment, music, totally monodic, stayed at a primitive, utilitarian level, without ever reaching any structural developmental form. In part, this is due to the fact that human hearing is the most elemental of the senses, very underdeveloped when you compare it to sight or smell. During the Renaissance, music, finally, flies high within Occidental culture, creating its own sonorous cosmos, free at last from the perennial ties to the word, and capable now to invent more elaborate forms liberated from utilitarian constrains. In a word, music *per se*, devoid of sacred, military, theatrical or funeral functions. At the beginning of the XIX century, music, in its more complex and abstract forms, starts to totally differentiate itself from popular, dance-like, text-based music, intended to be enjoyed by the masses at large. At mid XX century the schism is total. What is there in common between a Hindemith string quartet and a cabaret show? Only sound. The rest is totally different: the message, the intention, the melodic-harmonic vocabulary, the structure and, oboe all, for what type of audiences were these musics composed. It seems that people do not understand that commercial music is pure entertainment —from moving hips to remember simple melodies, to use the music as a vehicle for romance to listening to it as background for laughter, conversation or eating food—, while art music is an exercise for the intelligence and for the spirit.

Atonal, dodecaphonic, serial or electronic music is the result, in the XX century, of two thousand years of evolution of the thought and the creativity of human beings within the parameters of sound. The abyss between this type of music —anchored in profundity, seriousness, non-utilitarism and the enjoyment of the complex forms of sensitivity— and comercial music —danceable, singable, utilitarian, superficial, amusing, simplistic— is enormous. The first type of music is not a phenomenon for the masses, and the amount of people capable of comprehending and relishing it is minimal. I can enjoy dancing, but I am moved by a Mozart symphony or by Stravinsky's Violin Concerto. On the contrary, enormous quantities of human beings, who constantly move and sing along with songs of an easy refrain or a dance of "perreo" or the so-called "sandungueo", it is difficult, although not impossible, that they can understand or enjoy a Beethoven piano concert or a symphonic poem by Richard Strauss. When I began to seriously compose, during my early teen years, I found that Cuban classical music (or Cuban art music, or Cuban serious music, or however you want to call it), despite the heroic efforts of Guillermo Tomás, Amadeo Roldán and Alejandro García Caturla, was stuck in a total, enervating, limited nationalism, exhuding a cultural ghetto odor. The influences came from Spain (Albéniz, Falla, the Halffters), from France (Ravel, Milhaud, Poulenc) or from neo-classicism. I found this panorama very asphyxiating, and immediately I gravitated to Central European music (Germany–Austria axis), which I considered primordial, avant-garde, fascinating and progressive. Cuban classical music of that moment, under the tutelage of Catalan composer José Ardévol and his Music Renovation Group, appeared to me skeletal, poorly developed, exhibiting big technical and structural holes. I chose to open the doors to a more ample and revolutionary music world, at that epoch represented by the Second Viennese School, with the trio Schönberg-Berg-Webern at the helm.

2.- **MG:** *From your perspective, how was this international musical modernity which you proposed received in Cuba at that time? And, how do you evaluate your creative work not only in the Cuban context but in the international musical scene as well?*

ADLV: In Cuba, in the 1940 and 1950 decades, my "internationalist" ideas were received with great distain and even with hostility. The musical powers of Ardévol and Company condemned me to an almost complete ostracism. They called me anti-Cuban, and labeled me as a dangerous foreign influence who was attempting to destroy the Spanish-Cuban musical heritage. There even appeared sarcastic articles in the press, like one by Harold Gramatges, where I was accused of being a reactionary for not embracing the Afro-Cuban culture, and, short of finding fault with me, labeled me traitor for having gone to the Schoenbergian baptismal waters to clean my cultural sins. I hope that in some future day it will be fully understood what my music-cultural crusade signified for Cuba. Curiously, even without that deserved recognition, one must point out that the post-Ardévol generation of Cuban composers digested many of my "dangerous" ideas. So, we see Leo Brouwer, Carlos Fariñas, Guido López Gavilán and even Gramatges, changing bearing and adopting the post-Schoenbergian procedures: open forms, serialism, electronic elements and new musical graphology.

3.- **MG:** *I know that your second devotion is painting, as you have stated several times, and it is true that the arts, and literature also, relate to music in different ways. In fact, music and painting are two ways of creation that seem to search for each other often. Such is the case of the graphic scores you created in the 1970s. Those pentagrams are most beautiful, not only as sounds but as forms as well. The delineation is geometric and full of vibrant colors, and the musical notes run through the lines and the spaces in a* *labyrinthic way. These scores, even when they are silent, always irradiate magic, and when they are interpreted the magic becomes more noble because they give more sense to a universal life. Within this concept of music and painting as a unit several questions come to my mind. How and why you imagined a work like The Magic Labyrinth? Did you conceive first the musical lines as an expression of your musical emotions, or your imagination created the geometric colored forms as drawings that you were relating to sounds you heard in your mind? Is there any symbolism in this simbiosis of painting and music, and if there is, what is its meaning?*

ADLV: Indeed, painting is my second great cultural love. The genesis of my graphic scores from the 1970 decade is interesting. I

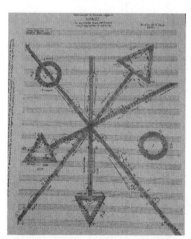

Nones, graphic score of De La Vega for any number of instruments and/or voices. Northridge, 1975.

had observed how in the musical graphology of my scores, during the 1960s, usual forms like triangles, squares, rhombs, rectangles and even circles and semi-circles were appearing. These figures were related to the entrance of instruments, orchestral clusters, dynamic aggregates and the *crescendos* and *diminuendos*. In the graphic scores from the 1970s, that are seven, I tried to combine music and painting. These colored scores can be played by one or more instruments and/or human voices, have an indeterminate duration and are, at the same time, visual works that, framed intelligently, transform themselves into real paintings to be hung on walls.

In these graphic scores the visual elements were conceived first. Inside the visual forms the sounds were inserted. These sounds are structured in diverse ways: interpretation of the fragments in three fundamental clefs (G, F and C on the third line), possible retrograde lectures, cantus firmus, dodecaphonic free elements (mainly centered in the circular or semi-circular forms), zones of ad-libitum interpretations and, always, careful realization of the melodic parameters.

The symbolism of these scores is the achievement of having broken the audio-visual limits to reincarnate, in the resulting symbiosis, in a spiritual art maybe capable of touching the Divine —as the Cuban-American painter and graphic artist Angel Marrero has stated in his magnificent essay "Different Perspectives of a Hologram" published in the 2001 program of the Concert-Homage for my 75th birthday that took place in Northridge.

4.- **MG:** *I have listened to your music on various occasions, and I have felt like if the sounds penetrate my pores. There are arpeggios, chords, blows, noises, silences... I feel as if I am surrounded by innumerable emotional movements, which can take one to levels where many spontaneous things can be imagined. However, they are not images that you are imposing on me (like what happens when listening to an opera, where each theatrical moment happening on the stage has a given sonorous expression; or film music where I, invariably, have to imagine what they give me). My questions are: this musical democracy procedure where all the notes are equally important,* *forcing me to dream about my own dimension, is this a conscientious method in you? I mean, Aurelio, do you compose in a spontaneous way, like if in each moment of your music you would project a volley of imaginative expressions?; or do you devise a pre-conceived plan where every specific mood or gesture, every movement, every group of sounds responds to a scheme?*

ADLV: The questions are not easy to answer, since the creative process is a great mystery. How does the creative mind function within the musical parameters? Is it in a conscious or sub-conscious mood one operates creatively? For example, if someone would ask me how I conceived my *String Quartet in Five Movements, In Memoriam Alban Berg*, of 1957, I must say that I do not recall how the work was written. I think what happens is that one takes, digests and incorporates into one's memory the specific technical and structural manipulations of one type of artistic creativity, in my case the musical procedures. What my imagination subsequently does is to use in a conscious way the sub-conscious practices that inform the sonic ideas. The final effectiveness of a given musical work lies in the way the elements are used. In reality it resembles the writing of a letter: one does not define the words anymore but simply uses them fluidly to structure phrases, thus communicating emotions. In my case, the work's plan unfolds while writing, although of course there is a preconceived structural discourse: what medium is to be used, what forms are to be employed, what is the selected musical language, etc.

5.- MG: *Now, at present (year 2015), do you believe that the Government of the Castros really took the decision to defrost your music and stop censuring your output because its vision of the world is really changing? Is it that the supposedly "strange" sounds of your music, of a universal character, still castigate the paradoxically incomprehensible nationalism of a revolution that grew for many years under the shade of a foreign system like the Russian Soviets?*

ADLV: I do not have the slightest idea of what kind of political/ cultural process permitted that my music was again heard in Cuba. I do hope that this change of attitude is sincere and permanent, and that my "strange" sounds are by now digestible and officially acceptable. I do also hope that the new winds indicate a reaffirmation of the creative liberty that, one takes heart, will reflect upon a socio-political emancipation. That would really be a great historical renaissance. And I do trust that the Cuban Government will help more, in the immediate future, the diverse groups that perform classical music in Cuba at present —groups that often enact their doings amidst great sacrifices. We know that Cuban commercial music is a most lucrative business for its high quality and wide reception, but nations also write their biographies basing them in other forms of high culture.

6.- MG: *If they would invite you officially to go to Cuba, given the new relations between the Castroite dictatorship and the Obama Government, would you go?*

ADLV: I do not think so. I have a wondrous remembrance of the Cuba where I was born, where I grew up, and where I lived. She was a most beautiful lover, and I would hate to see her without teeth and with her breasts cleaning the floor. Besides, I doubt that they would receive me as they should, in a word, as the triumphant return of the prodigal son walking on a golden rug.

7.- MG: *You have had several momentous moments in your musical career: prizes, homages, awards and recognitions from foreign governments for your cultural contributions. Would you mention some of the most transcendental situations of your life, instants that have meant for you an emotional episode or an acknowledgement of your life and work?*

ADLV: I believe that the most memorable events of my career were: first, my appointment as Extraordinary Professor and Director of the Music Section of the Faculty of Philosophy and Letters of the University of Oriente, in Santiago de Cuba, in 1954, when we established for the first time in Cuba a professional music career at the university level. The first time this happened in Latin America was in Argentina (Tucumán University, decade of the 1940s), then the second time was in Cuba (University of Oriente, decade of the 1950s). Second, the premiere in London of my *Elegy* for string orchestra, conducted by Alberto Bolet with the Royal Philharmonic Orchestra, in 1954. Third, the first performances of my orchestral works *Intrata* (1972) and *Adiós* (1977), conducted by Zubin Mehta with the Los Angeles Philharmonic Orchestra. Fourth, the Friedheim Award of the Kennedy Center for the Performing Arts (Washington, D.C.,

1978). Fifth, the Concert-Homage for my 75th birthday which took place at California State University, Northridge, on April 22 of 2001, under the auspices of the Cuban-American Cultural Institute, where the Cuban-American pianist Martha Marchena played all my works for piano. Sixth, the William B. Warren Lifetime Achievement Award, bestowed upon me in 2009 by the Cintas Foundation (New York) celebrating my long musical career. Seventh, the concert in my honor that took place in the Library of Congress Coolidge Auditorium (Washington, D.C., March 16, 2005) where my Version IV of *The Magic Labyrinth* and the Version II of *Variación del recuerdo* ("Variation of the Remembrance") were first performed. Eighth, the Concert–Homage for my 85th birthday, that took place at California State University, Northridge, on February 6, 2011 (which included almost all of my vocal works), where my wife, American soprano Anne Marie Ketchum de la Vega, magnificently interpreted *Andamar-Ramadna* (one of the graphic scores of the 1970s) in its Version II. In ninth place, the awarding of the Ignacio Cervantes Medal at the Cuban Cultural Center of New York in 2012.[3]

8. MG: *I would say that you are also a very good writer, besides your inclination for painting. I have read several letters of yours and also keep as a special gem, one of my favorites writings, your "Nationalism and Universalism. The history of Cuban classical*

---

3 In tenth place, I would have to say that if this interview had been conducted today in October 2019, I would have to add two more awards, when I was admitted, with the rank of Commander, in the legendary Hispanic Imperial Order of Charles The Fifth, and finally, in eleventh place, I could add the medal awarded by the Dodgers

music in the decade of 1950". I think that article is notorious within the framework of Cuban music history, even when it can be controversial. Besides, I have heard you lecturing and, frankly, I discover that there is in you an intelligent and emotional discourse that never wavers, and that asserts itself in such ways as to be able to convince the audiences. This nitid coherence between reason and soul, that I have observed in you, makes me think that your music is a reflection of your own personality, strong but at the same time capable of discovering tenderness, projecting your eloquence wrapped in the kindness of a sentimental gesture. What I am going to ask you now might seem like a platitude, a mere truism, but I think your answers may clarify how a moment of creativity can be influenced by its own osmosis. Therefore, would you say that the nature of your music is a reflection of yourself, that your personality permeates your compositions, and that your music from those years in Cuba, when you fully embraced German-Austrian classical music, was an evident reflection of your rebel spirit, when you perceived the overwhelming necessity of renovating not only the cultural atmosphere in Cuba but, moreover, in the world scope?

ADLV: In reality, these are not intelligent and incisive questions but real and forceful assertions. **Yes**, the nature of my music is a reflection of myself; **yes**, my early music was heavily influenced by German-Austrian contemporary art music; **yes**, my music composed in Cuba during the decades of 1940 and 1950 reflected my rebellious spirit; and **yes the** need to renovate the Cuban and even the international cultural environment was a personal, intense desire. And… many thanks for your illustrious interest!

MG: *Maestro Aurelio De La Vega, Palabra abierta is most grateful for your most valuable answers.*

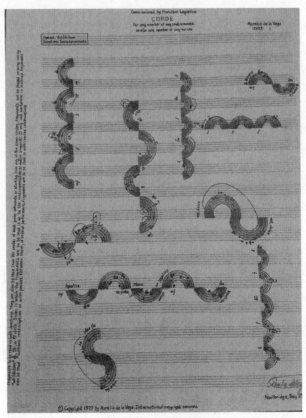

Corde, graphic score for any number of instruments and/or voices.
Northridge, California, 1977.

He has never lost his vision, his mind is replete with
an enormous collection of musical ideas.
Aurelio De La Vega in Northridge,
California, February, 1992.

Aurelio De La Vega

AND THE MUSIC OF THE SPHERES

Since the Middle Ages the alchemists, magus and augurs have spoken about the music of the spheres. Also, important to remember are the theoretical irradiations of the musical mathematics applied to the Universe, and their speculative proposals, in relation to the musical scale of Pythagoras, in Greek times. Today, the investigations of NASA and of other scientific institutions have corroborated the medieval projections, which were, above all, genial intuitions marking the scientific-technological evolutions of the human race.[1]

Not only the music of the spheres, but Arnold Schoenberg's dodecaphonic music, as an example (with its posterior developments like serialization, among others), could well represent the voice of a great creative mind, generating virtual or computational programs, in the process of overcoming its own mental limitations. These stems, of course, from the plausibility of concretation of any of the many existing versions relating to the origin of the multi-universes,

---

1 It is fascinating to listen thoroughly to the combination of sounds emanating from each planet, and the experience makes the listener aware that maybe in each celestial body, in each vibration of a stellar particle, there is an expression not only of organic life in each sonorous conglomerate but also a manifestation of biological sensibility. Look for this link in this electronic address for YouTube: (https://www.youtube.com/watch?v=Y-c8W5Bpz_M), and you will hear the harmony of the spheres.

and the conscious design governing their creation.

I, by the right that the imagination gives me when facing the unknown, can speculate about a structure that has been designed for all the universes, whatever they are, by a ninth degree superior mind and propose, therefore, that if there really are parallel universes it is also conceivable that "successive universes"[2] exist which, in their cosmic history, contain the mystery of the creation of manifold "simultaneous universes". All of these theses, that at present are mere speculative propositions, reflections, suppositions and conjectures, have not yet been proven true, since the existence of any other universes has not been detected by our spatial telescopes, and consequently verified.

On the other hand, the structure of our universe is mathematical, but it also seems to be geometrical and sonorous, since the intervals and the frequencies of the astral sounds, in their symmetry, are measured mathematically and by the use of frequency waves. In itself, the universe is composed of a strange an infinite symphony of sounds which is the result of many sums of sonorous intervals. Up to now, however, we cannot talk of a clear sidereal harmony from the perspective of the music created by human beings. Maybe a profound and systematic study of all these relations could find and define the harmonic perfection of a great part of our universe, and thus, at the same time, discover the emotion of other heavenly bodies and galactic zones in relation to a possible musical scale that would have a correlation with the entropy of our universe. What I want to

---

2 As in the relation of the Big Bang (birth that may have taken place following the collapse of a preceding universe) to the Big Bounce (the expansion of the universe in question and its rebound following its contraction) and to the Big Crunch (implosion of all the universe to produce a new Big Bang explosion).

emphasize is that in the would-be limit of our exterior space[3] one may find the sonorous registers (let us say "harmonies") and pitches of dissonant, atonal, dodecaphonic and microtonal music. In the case of traditional tonal music, it is so far impossible to establish a relationship between that type of music and the sound of the celestial bodies, since we would have to find an analogy between the sound of the planets and our tempered scale. At present, we cannot detect any dominant tones emanating from the heavenly bodies that could form the base for a sidereal symphony, with melodic twists that would become true *leitmotifs*.

In general, I believe that any sounds coming out of each sidereal body, because of their own structure and the organization of the relative *vibrating strings*, are much more related to atonality and microtonality than to any form of traditional tonality, even in its most complex developments.

Future creative structural studies, from the perspective of the sound of the planets, would be of great interest to astrophysicists and to classical music composers, and it would be fascinating if an ultimate dodecaphonic or microtonal symphony, for example, could be composed taking into account the sidereal vibrations. This hypothetic musical work would shed light upon the relationship of interacting celestial bodies, and upon the correlation between parenthetical *vibrating strings* that would discover new and unknown stellar potentialities. Undoubtedly, fascinating new doors would be opened, permitting a better understanding of the symmetry of the Universe and contributing to achieve a totally mathematical

---

3 One could say that the Universe—at least ours, the one we know—is not infinite but finite, and that around it, even when it continues expanding, one finds darkness, the primigenial as well as the present one, engulfing what is matter illuminated by light.

juxtaposition of human musical scales and interstellar sounds, as Pythagoras once theoretically stated.

From the different sounds one can perceive coming out of space, and from those from other cosmos and worlds still unknown, we could detect new microtonal scales in which the microtones themselves would be equivalent. In other words, we could find sounds emanating from planets or from stars that would posse similar structural hierarchies, similar astronomical geographies and even similar chemical compounds. If it could be thus detectable, we could then understand that the music of Arnold Schoenberg (born in Vienna in 1874, dying in Los Angeles in 1951, creator in 1921 of dodecaphonic music) and that of Aurelio De La Vega (internationally known Cuban composer of classical pan-tonal, atonal, serial, aleatoric and electronic music, born in Havana in 1925) are —like is the case of many other composers throughout history—a direct consequence (even when many of them never knew it, ever know it) of the musical nature of the Universe.

In some ways, the colossal intelligence which hides inside the structure of our Universe projects into our mental psychometric the need to reflect certain aspects of the cosmos' nature, and it is because of that, that the human being can enjoy the skills and talents provided by many classical music composers, and specifically by someone like Aurelio De La Vega, thus exemplifying the identification of human biology —fundamentally in relation to the sonic part which registers and develops the brain— with the intrinsic nature of the Universe. This interaction is directly extracted from the infinite vibration of the *cosmic strings* that links sound with light itself. If *lux* is a divine representation of the Creation's revelation, the harmonic or microtonal sound of the spheres is the Voice that the Great Composer, or simply God, used to identify intelligence (in tandem with mathematics) and emotion (song, dance, poetry, art and literature).

I dare to say, therefore, that all we can imagine, calculate and even plan, is somehow already inscribed in the Universe's nature, including the infinite and microscopic quantum dimension.

For that reason, I believe that all we can envision can be converted, sooner or later, into physical reality. More surely, let us also remember that some philosophers have put forward the theory that the world, the cosmos and all that has been created, are projected forms of our own conscience. George Berkeley, one of the main philosophers expanding such hypothesis states, "thought that in reality, the world we called external to the mind did not exist independently from our own mind. In other words, to travel through the world is very similar as to travel through the mind."[4] And this could also mean that God came to realize all his creation through our minds and, in this sense and in other dimensions, through the thoughts of beings that have not been or are terrestrial.

---

4 Consult the writer Esteban Galisteo Gámez on purpose, in an interesting article whose title closely linked to philosophy is "Solipsism", http://filosofia.laguiazooo. com/general/solipsismo. On the other hand, consult the two books of Dr. Robert Lanza (biologist and one of the important scientists of today) and Bob Berman (renowned astronomer): "Biocentrism. Life and consciousness as keys to Understanding the Nature of the Universe" [translated from English by Elsa Gómez Belastegui], Málaga, Spain, Editorial Sirio, S.A., 2009; and "Beyond Biocentrism. The need to reconsider time, space, conscience and the llusion of Death" [also translated by Elsa Gómez Belastegui], Málaga, Spain, Editorial Sirio, S.A., 2016. In both books, it is said that traditional science has always stated that matter is the procreator of the human being and the universe, as well as that, is independent of ourselves. However, by new studies that have been carried out, and according to the authors of these books, Lanza and Berman, life and consciousness are the true creators of matter, the universe and everything around us.

If we follow this conjecture, which states that imagination is the other side of reality (invisible, apparently not present, belonging to the non-form dimension, since it is subjective and abstract), we could then affirm that, in relation to the imagination, dodecaphonic and/or serial music (and also electronic music, in itself microtonal), besides being a sonic reality, are also contained in our Universe as real structures, equally existing in given solar systems and galactic regions, so that they definitively form part of the cosmic creation.

We know now that the Sun "emits ultrasonic sounds which are approximately three hundred times lower than the pitches the human ear can hear."[5] This implies that the Universe is not only mathematically musical, but that also the most minimal particles that could be discovered (today we label them as *superstrings*) would have sound vibrations which combined (from the *superstrings* to the *bosons, fermions* and *photons*) would produce an originary music, unique in its class, which later would become the inspiration for human musical creations . Th erefore , I can speculate that Pythagoras ' mathematical music is really a product of the intelligence of the Universe.[6]

---

5 Consult Fernando Daniel Villafuerte Phillippsborn's book *Una aproximación a la realidad...* ("An approximation to reality...") in Kindle, Amazon, position 1257.
6 "The *superstrings* theories , which explain the Universe through advanced mathematics , demonstrate that the simplest and non divisible elements that form the primary particles , are filaments similar to the musical strings . That way, each element in Nature , including light and Nature 's forces , would have a vibration within a unique assemblage of sounds which would be harmonious with the Universe ". (Fernando Daniel Villafuerte Phillippsborn , op .cit .) Even experimentally , this projection of superstrings is not proven, but theoretically — through mathematics — promises great possibilities to finally discover the Theory of Everything.

It is easy to verify that each planet, and each material form of the Universe, has its own confirmed sound. This is transcendental when one ponders why and for what the exterior space is designed, questions that are permanently in the mind of many scientists. It is undeniable that from the *Big Bang* up to our day the interstellar space has had a beginning and an intelligent development, and that the governing intelligence, among the many forms of the cosmos' expression, by having its own musical sonority, has an identification with one of the sonic theories developed by the human being, in this case the dodecaphonic scale, which later transforms itself into microtonal scales.

What I mean is that through sounds, in which a series of them would not reveal any dominant tones, a direct relation already exists between the structure of the Universe and the human atonal-dodecaphonic-microtonal creations.

De La Vega and the Mental Sonority

Even when in general the ear, as visual imagery, is given to those who have lost their sight, composer Aurelio De La Vega is, like other creators of music, an exception. Although he has never lost his vision, his mind is replete with an enormous collection of musical ideas, where sound plays a central and most important role. I just bring forth the analogy with the blind, because those visually impaired replace their visual loss with a most powerful sense of hearing and a very alert imagination. Blind people are often able to have a normal life, using their enhanced sense of hearing and their imaginativeness to orientate themselves, thus knowing where they are and where they go. Taking advantage of their increased sense of hearing they are even able to play musical instruments, inwardly perceiving all kinds of sounds.[7] That sound perception is very present in our composer Aurelio De La Vega. His mind stores, combines and selects sounds in extraordinary proportions, much more magically than those persons who posse a normal musical memory. I imagine that De La Vega unveils in his mind an auditive imagery that can perceive the most strange sounds, transforming them into musical structures in a way perhaps only explicable by an encyclopedic neurologist, like the English Oliver Sacks, who has devoted himself to the study of the musical phenomenon in the mind of certain persons[88]. The difference between De La Vega and the blind person is that he has never lost his sight and, however, has been able to develop to an immense degree not only his musical intricate conceptions but has equally excelled as a pictorial and literary creator.

In relation to musical hallucinations Dr. Sacks has said that

---

7 I remember that when I was young in Havana, playing saxophone in a popular music band known as Los 5 U-4, one of the advisors of the group was Leonardo (I only remember his first name), who played the bass. Like almost all of the members of the band, Leonardo was blind. Even when visually impaired the players were excellent, delivering rock and Cuban rhythms magnificently. When we would finish rehearsing we would go out to have a drink or go home. Many times, I accompanied Leonardo to take a bus, always worried that he would fall. We would cross the street to go to the transportation stop, which was in front of the Ministry of the Sugar. Very often I would be surprised by Leonardo's keen sense of hearing. When two busses would appear in the distance I would say: "Leonardo, I think the Route 68 bus is coming". He would smile and say, "No, that one is not the 68, the 68 is the one coming next". To my amazement that was the case. I wondered how he could know that, and he would say, "With the ear, my friend. I recognize the sound of the different omnibus by the varied roar of their engines".

8 Oliver Sacks: Musicofilia. Relatos de la música y el cerebro ("Musicophilia. Stories of music and the brain"). Editorial Anagrama, Barcelona. Quotation from Kindle, Amazon, position 556.

"the musical imagery is as rich as the visual one. There are persons who barely can remember a melody, while others can reproduce in their minds whole symphonies, with details and nuances like if they were hearing them alive."[9]

In this case, for example, De La Vega, could dictate from memory many passages from his piano works to an excellent pianist like Martha Marchena—who has devoted a good part of her international career to play and record the integral piano compositions of our composer—so she could play his music as a most genuine act of creation. I do not doubt, following Dr. Sacks' investigations, that De La Vega, most probably, would experience delicious musical sound attacks, accompanied by prolonged moments of ecstasy while writing his scores—exquisite instances of delivery surrounded by the divine language of sound.

I remember now the extraordinary film of Milos Forman, *Amadeus*, where during the final hours of Mozart's life, the composer would dictate to his envious enemy Salieri the music of his sublime *Requiem*, in d minor, demonstrating that Mozart had in his mind all the orchestral and vocal schemes of this monumental work.

The Music of the Planets

I have always thought that the compositions of Aurelio De La Vega are highly emotional, since human emotions are a fundamental component of all his works. I also have come to the conclusion that dodecaphonic music, free atonality and serial music are musical procedures that permit myriads of alterations because, differently from tonal traditional music, free atonality or serial procedures—like a

9 Oliver Sacks: *idem.*

phenomenological incidence—can express determinate types of sounds and of moments (like strong emotions, unexpected impacts, tender shakings and explosive exultation) in an extreme form. And I do think that such mode of musical expression adjoins poetry, and in the lowest or highest sonic grades one could feel the sensitivity of atonality (or even microtonality) combined with an apparently unde-cipherable group of verses or paragraphs written by José Lezama Lima.

This way, for example, the *Intrata* for orchestra (1972) of Aurelio De La Vega unravels as a sonorous narrative close to the movements of the planets, with the same volcanic force that the proximity or withdrawal of a celestial body produces when entering into friction with the space's *superstrings*. In this work, the incessant clangor of the percussion reminds us of the incidence of the clamors of a planet rotating on its axis, of the expectancy of daybreak, of the tension of obscurity and of Earth's aurora borealis.

We could also talk about his *Leyenda del Ariel criollo* ("Legend of the Creole Ariel")[10] and how De La Vega, Cuban composer, extracted

---

10 *"Leyenda del Ariel criollo"* ("Legend of the Creole Ariel"), for cello and piano, was written at my home in Miramar, La Habana, in 1953, specifically created for my dear friends, the first cellist of the Havana Philharmonic Adolfo Odnoposoff and his wife, the pianist Bertha Huberman. The work is my most overtly Cuban composition. Without quoting any thematic folkloric or popular Cuban melody, *Leyenda del Ariel criollo* transforms various Cuban melo-rhythms, creating a harmonic palette at times post-Impressionistic and at times pan-tonal. The work was premiered by Odnoposoff and Huberman in Havana in 1954, at a concert of the Sociedad de Conciertos, and immediately recorded by PANART for an LP which included works by various other Cuban composers, such as Amadeo Roldán, Pedro Menéndez and José Ardévol. It was played the world over by the two commissioning, above mentioned instrumentalists, on several of their yearly traveling sojourns, and remains one of my most played compositions". Words by Aurelio De La Vega taken from the video in YouTube page where this excellent work is played: https://www.youtube.com/watch?v=4uAz-QyDvdd.

Ariel from his own mind, intertwining him with cosmic chords. This work, for cello and piano, narrates a whole dream of emotions: incredible piano attacks, euphoric chords that aim to substitute any type of rhythm reinventing themselves as blood stream torrents, cello lines that softly travel throughout the work, often contrasting their voice with the low octaves of the piano—a whole panoply of linked sounds wanting to express themselves as cosmic consonances invading the world of the Island, and predicting the imminent Cuban loss of an elite culture. De La Vega did this in an authentic and subliminal way, transferring Rodó's *Ariel* from Latin America to a more universal cosmovision without forgetting the Cuban roots, creating, at the same time, its own legend that overflowed the Rodosian limits. In the Cuba of the decade of the 50s, so full of extoled undertaking and at the same time burdened by unbridled nationalism and corrupt politics[11], this Creole Ariel is Aurelio De La Vega's personage who underlined the urgent need for a present intelligent and cultured elite which would assume a new potentiality for a renewed and deeper Cuba—a Cuba that in reality has always been concealed, and which at present remains hidden in the elemental, mental and spiritual substratum of every Cuban. That *Leyenda del Ariel criollo* of Aurelio De La Vega, when a future profound study of the Cuban culture of that era is written, will emerge as a most important historical document and as a pillar of Cuban classical music—a history and a music that in its deep *infinitum* hide amazing marvels and surprises. That is De La Vega's Ariel, representing an intelligent, passionate and cultured Cuban

---

11 The absurd political maneuvers of Batista's dictatorship, frail and bloody, ended with Castro's "revolution", a completely totalitarian regime much more implacable, cruel and disastrous than its predecessor. All of this augured, in the last years of the decade of the 50s, an ominous, fateful and unlucky reality for the Cuban people.

who rebels against banality and mediocrity. It was a valiant irruption, contradictory to the musical and social frivolity of the moment, because regarding the common place, the trite and the mass populism, there were no real changes in the Island, except those concocted in the shadows.

But that fight of the Creole Ariel, stated as a musical work by Aurelio De La Vega, has not ceased yet. That is the way it has been been since a group like Orígenes (Origins) and its mentor, the great poet Lezama Lima[12], was ignored, followed by a long list of musicians, painters, writers, and artists that today are in exile, like it has happened with Aurelio De La Vega himself.

This splendid gamut of talents has remained hidden, disowned, and vilified by the world at large. Sometimes, it has been disguised by the Marxist forces, so they could claim others as sympathetic to the cause. This was the case of the poet Dulce María Loynaz Del Castillo, who the Castro government tried to recuperate when she received the internationally significant Spanish prize Príncipe de Asturias. (One must remember that Loynaz, although residing the whole time in Cuba, never had any kind of relationship with the Castro rulers, and remained until her death hidden in her house as a permanent recluse.) The isolation—even alienation—of the serious artistic creator in the last years of the Cuban Republic (which ends in 1959, with the Castro take over) was already in place during Aurelio De La Vega's juvenile years. In Cuba, mocking, scorn and dissoluteness were always part of the masses' psyche, and it even filtered into the more refined stratum of society.

---

12 Consult Remedios Mataix: "The writing of the possible: the poetic system of José Lezama Lima", in Miguel de Cervantes Virtual Library. Check Google: http://www.cervantesvirtual.com/obra/la-escritura-de-lo-posible--el-sistema-potico-de-jos-lezama-lima-0/.

In the midst of all this historic uproar one can always feel the intensity of the music that Aurelio De La Vega created—and creates—since such music...

"...has always had a conceptual and philosophical context. The poetry of the vocal works is more complex and the message becomes more difficult (...). When a person listens to music, that music hits the whole body. That music is the one that has fascinated me."[13]

Exactly that is what happens to this creator of sounds that is De La Vega. Today, those sounds go not only beyond a classical music tonal vocabulary but also farther away from the musical sense of the human being himself—a fact that becomes evident when we can perceive that the Universe responds with the microtonal music of the spheres and its incredible ancestral sounds, sounds that will become the new parameters which will guide the creation of the compositions of the future.

The "Other Time", or the Amazement of the Hallucinations

When Aurelio De La Vega began composing, he found Cuba submerged in an asphyxiating atmosphere of nationalism, that he described as "enervating, limited, with cultural ghetto odor". Because of that, the composer had to find, within the world of art music, a place where intelligence and serious creativity would be respected:

---

13 This has been said by De La Vega himself in an interview conducted by *ContactoMagazine.com* review, published in the issue dedicated to the commemoration of the Centennial of the Cuban Republic (1902-1958): http://www.contactomagazine.com/aurelio100.htm.

"I chose to open the doors to a revolutionary and vast musical world, at that time represented by the Second Viennese School, with the trio Schoenberg-Berg-Webern at the helm."[14]

In an interview for the digital review *Palabra Abierta* ("Open Word"), De la Vega continues talking about music:

"Inside Cuba my music was highly revolutionary at the time. Outside of Cuba, where my creative career has mostly developed, my music is highly respected, constantly played by excellent orchestras, chamber music groups and famous soloists. The impact of my music in the international scene, since the decade of 1960 to the present, is less revolutionary but not less important."[15]

All this is true, because his feelings are very realistic and his verbal expressions are very attuned to historic truth, since he knows well who he was and is, being very sure of what he wanted to do and did. The fact that his music shaped a revolutionary and historic moment in the realm of Cuban classical music carried an immense renovation message. This is what has motivated me to select some of the works of Aurelio De La Vega as an example of varied atonal possibilities that could be directly related to the new sounds coming from space, since his compositions, in the words of essayist and

---

14 Manuel Gayol Mecías: "La naturaleza de mi música soy yo mismo" ("'The nature of my music is myself'), Aurelio De La Vega", in digital magazine *Palabra Abierta* ("Open Word"): http://palabrabierta .com /la-naturaleza -de-mi-musica- soy-yo-mismo-aurelio-de-la-vega/.
15 *Palabra Abierta. Op. cit., idem.*

historian Rafael Rojas are "a sound from another world"[16] —words which Rojas used to title his splendid writing that forms part of the collection of contributions constituting the homage that *Encuentro* (one of the most important literary review of the Cuban culture in exile, published in Madrid for over three decades) paid to our composer.

Curiously, I have decided to concentrate my reasoning by selecting the piano works of De la Vega, which go from 1944 to 1986. It is in these compositions, where the most pure creativity of De la Vega manifests itself most clearly. Without the sumptuous instrumental and/or vocal vestments, with their leafy colors and their amazing sonic dimensions, these piano compositions, naked, direct, clear in their message, discover for the listener a fundamental harmonic clothing. Although the horizontal melodic factor is evident, it is the harmonic verticality that connects us directly to that "music of the spheres" we have been talking about.

A work like the *Preludio* ("Prelude") No. 1, from 1944, can be perfectly superimposed upon the sounds produced by Saturn, Uranus, Neptune and/or Mercury, for example, and very easily any one of them could insect themselves in this Prelude's *arpeggios*. In the sounds of Neptune, one can perceive a kind of whistling that could be unified with the sonorities of *Antinomies* (1967). Equally, Mercury could be detected, moving under the resonances of this work like a terrestrial earthquake, producing fear, like an unknown omen. Uranus, with its wind-like sound, reflects many of the

---

16 Rafael Rojas: "Un sonido de otro mundo" ("A Sound from Another World"), in Encuentro de la Cultura Cubana (Encounter of Cuban Culture) [Spring-Summer of 2003, p. 5]. Look for: "Homenaje a Aurelio De La Vega" ("Homage to Aurelio De La Vega"): https://www.scribd.com/document/277010698/28-29-Homenaje-a-Aurelio-de-La-Vega-Especial-Represion-en-Cuba.

disquieting passages of the Toccata (1957), where the piano, in its strong note attacks and dark *arpeggios*, produces a vision indicatinig that life exists, even when facing the unrecognizable. Many passages of *Antinomies* and some from the *Homenagem "In Memoriam Heitor Villa-Lobos"* (1986), seem to unify themselves, at moments, with that hazardous aleatoric sense of the Universe.

Maybe with this intuitive essay of mine, and with my explicit desire to overcome my own musical limitations, I may muster the courage to try to explain De la Vega's *Epigrama* (Epigram) (1953), following the enlightening ideas of the essayist Enrico Mario Santí. With this work, the vision of that dream-like "other time", similarly detected by the listener and by the composer, becomes real. To this respect Santí says:

> The rising of this "other time", unexpected and strange, suggests, as I see it, the gradual consciousness of an occult dimension, a secret time parallel to the daily human time (...). The "other time" is the privileged time of the visionary (or in this case of the 'auditor'), the time when we see or hear something radically odd and different, although always situated within our real, terrestrial limits.[17]

Time, sound and poetry are fundamental and integral elements that boil in the mind of composer Aurelio De La Vega. In this mind there is an extraordinary amalgam of elements that fills all the senses to capacity and discovers for us the impeccable musical memory of this man who suddenly and often becomes pure poetry. It even transforms him into a narrative of emotions. Likewise, that "other

17 Enrico Mario Santí: "El otro tiempo" ("The Other Time"), in his book, *Mano a Mano. Ensayos de circunstancias (Hand in Hand. Circumstantial Essays)*, Aduana Vieja Editorial, Valencia, Spain, pp. 153-54.

time" has been crystalizing in him through his compositions, as Santí points out.

In fact, that is the sacred essence that has been palpitating in him, like in all great creators, and that, in my own personal criterion, comes from the spirit of the Universe—from those strange sounds that interconnect themselves quantically, and which, from the exterior space of our terrestrial expanse, deposit themselves in privileged humans, and even in instruments and human voices.

For Santí, the *Epigrama* constitutes an anomaly in the otherwise strict chronology in which De La Vega's piano works appear in the compact disc *The Piano Works of Aurelio De La Vega,* since against the order of the whole collection the disc unexpectedly closes with the *Epigrama*. Further down the line we will see the importance of this rupture, states Santí. In reality, "further down the line" discovers that "other time" that the essayist goes on unveiling, and which is also for Octavio Paz that "other voice". That closing of the CD with *Epigrama* seems to be the intuitive amazement that De La Vega makes of himself—a big hidden mine that the composer kept inside of him and which starts to manifest itself in an unaware way at first. Later, at the end of the decade of the 50s, it bursts with the strength of plenitude. I again quote Santí who, in an excellent synthesis, describes De La Vega's hallucinatory and dream-like moments:

> The musicologists are quick to talk about the mature complexity
> of these compositions [referring to the pieces which are part
> of the Piano Works], although I confess that what captivates
> my ignorant ear, what for me signifies the importance of these
> pieces in the composer's harmonic palette, is the gradual

introduction of speeds and tones, radically different within the melodic structure of the whole set. Ingenuously, I refer to this phenomenon as the finding of a dazzling time: sequences that I would like to call oneirics 18 and which clash with colors that break the central narrative to create truly bewitching effects.19

I have repeatedly listened to the pieces of *The Piano Works* of Aurelio De La Vega and I agree with Santí that it is in these works that one can appreciate that chimeric sensation and that disquieting breathing which inhabits the flights and jumps of those piano compositions, masterly played by Martha Marchena. I feel that in these pieces, in each one of them, De La Vega, possibly in a subconscious way, was preparing himself for something unusual that was happening in him during the years of the 50 s. And for his great intuition in closing the disc with *Epigrama* —a piece out of step with the chronology of his piano works —one can clearly discern that something very new was boiling in his creative imagination. Furthermore, that impulse, that "other time", that " other voice" is what I feel upon hearing these wonderful works: the fact that after this collection (*The Piano Works*), De La Vega began to enter in a quantic dimension of his music, very close already to the music of the spheres.

---

18 *Oneirics: dreams-like.*
19 Enrico Mario Santí. *Op. cit.,* pp. 152-53.

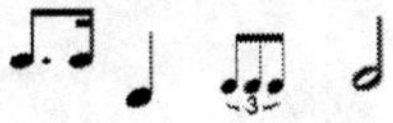

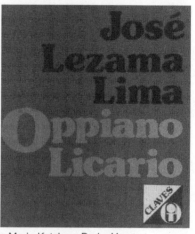

Photo of Aurelio, courtesy of Anne Marie Ketchum De La Vega.
Photo of Lezama taken from the digital page *Poeticous*
Cover of *The Piano Works of Aurelio De La Vega* an Audio CD from Amazon.com.
Cover of *Oppiano Licario*, of
José Lezama Lima,
published by
Ediciones
Era.

TWO PORTRAITS FOR A FABLE
FROM REBELLIOUSNESS TO
COINCIDENCES,
AND THE UNIVERSALITY OF
José Lezama Lima and Aurelio De La Vega

To my friend Ivette Fuentes de la Paz,
even if she does not know
of my dedications

The poem is a snail where the music of the world resounds,
and meters and rhymes are only correspondences,
echoes, of the universal harmony.

Octavio Paz

The poem is a nocturnal snail in a rectangle of water.

José Lezama Lima
(In Pedro Simón: Compendium of texts of JLL)

IN✝R⊕DUC✝I⊕N

The poetic, as creation, does not explain exclusively the meaning of poetry nor of the poems themselves, rather, it also includes the historical fact of the invention of its own structural worth; it is the literary and artistic *poiesis* of something that springs up from the intimate human deepness. Furthermore, it is the rejoicing of the soul from a gnoseological perspective and, equally, from a unifying conception of the content and its form, considering the fact that such rejoicing could be the irradiating focus that fuses the essential with its corresponding beauty.

The poetic, seed of the artistic and the literary, becomes a phenomenon of imaginative ebullition that transcends the limits of the genres and closely associates itself with the soul's satisfaction –to that creative amazement that illuminates the poetry and the arts. In the case of art music, for example, such music is capable of creating a poetic mental state in which one could evoke scenes, atmospheres and rhythms imbued with splendor and magnificence. And also, filled with an axiomatic content that never stops from being genuinely creative, it is fundamentally charged with a sensible identification with life. Talking about Octavio Paz, Ulises Huete, in one of his articles published in "Babelia" says:

"The poetic vision of life is a perspective, a sensitivity and a subtle understanding. This glance recognizes non-conventional relations between things and consciousness."[1]

---

[1] Ulises Huete: *El País* (digital), "Babelia", Madrid, July 9, 2015. (http://cultura.elpais.com/cultura/2015/07/07/babelia/1436278234_749351.html).

In reality, this emotional and conceptual process between music and poetry, profoundly intuitive regarding its lucidity and its feelings, converges in the manner of perceptions in our moral awareness. Be it the vibrations of sound (chords, arpeggios, rhythmic passages, melodic phrases, pitches, silences or effects) or the sonority, figuration and perception of a poem (different rhythms of the verses, its syllabic classification, its syntactic structure, the sonorous essence as the verse's phonetics, the atmosphere created by the lexicon or, fundamentally, the images that emerge from the metaphorical language connotations), both occurrences, even when they are differential, are capable of bringing into being a common perception of feeling: exaltation, sadness, nostalgia, glorification, anxiety, admiration, rapture, mysticism or amorous passion, among myriad of emotions or activities.

The same way we keep in our head a great quantity of musical sounds, says neurologist and psychiatrist Oliver Sacks[2], we store words and, specifically, poems and poetic tunes, and we have the gift that our conscience, in its creative potentiality, is able to fuse metaphors and purely poetic images combining them with musical phrases or, simply, with background music for a determinate type of poem. This is, of course, highly related to the pleasure of emotions, equally valid for poetry or music. For this reason, I dare to include, like a real base for *the poetic*, the narrative of all kinds of art and literature and of poetry. Let us literally quote Dr. Sacks:

> ...all of us utilize (...) the power of music; and to put music to words, especially in pre-literary cultures, has fulfilled a most

---

2 Oliver Sacks: *Musicofilia* [Spanish Edition], Editorial Anagrama, Kindle Edition.

important role in relation to the oral traditions of poetry, narration, liturgy and prayer. Entire books can be hoarded in the memory. The most famous are the *Iliad* and the *Odyssey*, which could be recited in their entirety because, like the ballads, they possess rhyme and rhythm. It is difficult to say up to what point this recitation is based on the musical rhythm or on the linguistic rhyme, but undoubtedly both of the elements are closely related: "rhyme" and "rhythm" are words derived from the Greek, and share the meaning of measurement, movement and fluidity. Of course, it is necessary that an articulate fluidity, a reminding melody or a strong orthoepy be present for one to be able to proceed forward without stopping, and that is something that unites language and music, and which could underline its probable common origins.[3]

The same observed consonance between language and music, when they join together to create, is perceived in their reception. This familiar relation between both assumes an image sensitivity that has analogous feelings. It operates while we listen to music or while we read a poem, knowing that poems could be read aloud or could be declaimed. The emotion this causes is very similar to the perception of sounds. So, to listen to music is like hearing a symphony of sounds, and to recite a poem audibly is a symphony of words. All these perceptions, the musical ones and the lyric ones, when received by the conscience, equalize themselves in the mental process and react intelligently with the same pleasurable efficacy that taste and complacency are gratifyingly welcomed.[4]

---

3 O. Sacks, *idem,* location 3472.

4 I can resort to Octavio Paz, in his tension between arch and lyre, when he talks about the potentiality of the poetic as a mental moment, where conscience

This way, the process, when it is happening in our minds, permits that we compare music and poetry independently from acknowledging the differences and similarities between each other. This is truly a creative art that, given the magnificence of communicative vessels, entitles us to see the hidden threads or the secret interconnections between conscience and coincidence, allowing us to feel the "universal harmony"[5] which can be discovered in the works of an immense poet like José Lezama Lima (1910–1976) or in the ones of an exceptional composer like Aurelio De La Vega (b. 1925).

---

transforms the language of words into rhythm and pitches, and the sonorous language of music into poetic images of the world. Paz has said in his *The Arch and the Lyre* (Mexico, Fondo de Cultura Económica, 1993, p. 13):

> "Play, work, ascetic activity. Confession, Innate Experience. Vision, Music, Symbol. In an analogous way, the poem is a snail where the music of the world resounds, and meter and rhyme are but correspondences, echoes, of the universal harmony".

5 In conversation with Ivette Fuentes, we have commented how in the Greek tragedies the chorus interacted with the text turning around, and how this produced what was called strophes, and how from it emerges the measurement of the poetic strophe or stanza. Although this is more evident in the dance, one turn held as a unit the rhythm of the complete strophe, and each parley was the verse. Another procedure to exemplify the possible couplings of music and poetry could be XIX century German experimental aesthetics, where an exhaustive analysis of rhythm, both in poetry and in music, took place constantly. Karl Moritz would say that the inborn tendency of the human being was the movement, the jump and the dance. This was also stated by Riemann when he wrote his famous thesis on music. What is important to know is that these two theoreticians, and several others, coincide in arriving at a basic, unifying human rhythm that facilitates the studies of the creations of art and literature, and that, for this particular research, facilitates the study of the comparative interlocking between José Lezama Lima and Aurelio De La Vega.

Of the Secret Cuba of María Zambrano.
Of Diversity, Religious Syncretism and the Encounter.

From music to poetry (and conversely), we find that those two authors (Lezama and De La Vega), who curiously, even though there was an age difference of 15 years lived at the same time for a good portion of their lives but never met personally, were a substantial part of that secret Cuba that Spanish writer and philosopher María Zambrano discovered during her 13 years of residency on the Island.

When the author of *El hombre y lo divino* ("Man and the Divine")[6] met Lezama Lima and other important poets of the Orígenes Group, she intelligently sensed that behind the fascinating poetic façade that was displayed in front of her there was a much more ample perspective that held hidden a vast reservoir of profound cultural and spiritual values imprisoned by a mediocre political and social milieu.[7] In that environment, besides literature and philosophy, one

---

6 María Zambrano: *El hombre y lo divino,* México, Fondo de Cultura Económica, 1986.

7 Lezama and Orígenes were the anteroom of her Secret Cuba. Zambrano, at the same time that she discovered the Island through a poetic lens (in itself a remarkable issue, since she became aware of a nation by way of its poetry and of its art), must also have dwelt in the many other beautiful physical wonders that Cuba offers: the incredible expansion of an intensively blue sea that can be seen from any building or any terraced roof; the penetrating odor of salt water, of algae, of shellfish, and of marine nenuphars; the transparent feverish light that burns us but that identifies us; the complexity of an extremely emotional people which for good or bad surrounds you; and for that generous and ambrosial humanity that you encounter in every corner of the Island. She also amazingly felt the intellectual and physic-spiritual power hidden in any writer, painter, composer or world class sportsman —that mixture of cultures that made Cuba a universal island. Because of all of that, I can affirm that Lezama as well as De La Vega unveiled that secret, that mystery, that only art and literature can substantiate and translate. One should also remember Juan Ramón Jiménez when he talked about a "spiritual architecture". Even when he was specifically referring to Spain, his

could encounter painting and classical music, and it was in this last field where young Aurelio De La Vega was already standing out.

One way or another, during the days of Republican Cuba as well as after the triumph of the Castro rebellion —the beautiful image of an idealistic revolution degenerating into an infamous

---

message could also be applied to Cuba. I believe that this vision and this analytical power that the Spanish exiles had were possible because they were coming from another cultural reality, but with the same high regards for poetry and for art. On the other hand, many foreigners have never understood the scope of the powerful universal blending that the culturalization of the various races that came together in Cuba had provoked, the same way that has happened in Brazil or in the United States. Together, with this and because of it, by reason of the diversity of peoples and of things (and on account of the racial and historical fight of Spain for and against the black man) we can see the emergence of great talents related to literature and, of course, to music- an art that can go from the most complex harmonic and orchestral palette to the most dry and piercing sound of a drum. This is the Secret Cuba of María Zambrano: the diversity, where we not only find Lezama and Orígenes but also a Brindis de Salas, a Roldán, a Leo Brouwer, and even a Benny Moré and a Celia Cruz. "That little island...has the magic of the creation", Aurelio De La Vega once told me.

In short, that secret Cuba meant to the Spanish philosopher María Zambrano a whole revelation of her other place in the world (hers). She recognized her prenatal homeland in Cuba. But at the same time that she interpreted her rebirth in Cuba, she also recognized that the meaning of that secret was in the poetic —in my view: the poetic of creation— the substantiality of the Cuban. That substantiality was given in the Originist poets, even though in my very personal interpretation, I see in them the creative potentiality that has always been hidden in Cuba, including the creative sense that has reverberated in many Cuban writers, artists and musicians, and, more that it hides, a huge and genuine essence crushed by all the egotistical politics of the superficial and vain, and in the last 60 years, by a cultural atoll of vulgar and populist ideology.

In relation to the profound friendship that existed between María Zambrano and Lezama I recommend that you should consult the book of essays by José Prats Sariol: *Leer por gusto* ("Reading because one wants to") (Houston, Texas, Ediciones Pluvia, 2015, pp. 73-87), so you can appreciate the affinity and mutual fondness that existed between those two great figures of Hispanoamerican culture.

human time of apparently inexplicable duration—there existed, and even today continues to exist, creators that have been ignored, despised or minimized by official intellectual cabalas. Actually, many writers and artists, after 1959, have suffered and suffer the censorship of the Havana regime and, most sadly, the repudiation by previously amiable colleagues which had become mere lackeys of the Government that has ruled Cuba for the last 60 years. These preposterous manipulations have frozen the important works of many valuable intellectuals and artists.

Thus, victims of various political, social and extraliterary vested interest groups, many Cuban intellectuals and artists who had taken the rout of the exile by pure conviction, have been capriciously erased from Cuban history (Lezama near the end of his life in Cuba, and De La Vega, at present living in the United States), totally preventing them from occupying the high levels and decorous places to which they are entitled in Cuban culture.[8]

---

8 "This repressive constancy , and fundamentally the fact of a perpetual censorship of any type of dissidence inside the Island, be it artistic or socio-political , produced (and produces) what can be called *insilio*. That imposition of silence, sometimes brought by the artist or dissident upon themselves , occurs when the person is incapable of going into exile , for whatever reasons ". Dieter Ingenschoy , professor at Humboldt University , Berlin , clarifies terms in his "Exilio, *Insilio*, and Diaspora . Cuban Literature in the Time of Literatures without a Permanent Residency", in *Ángulo Recto* ("Right Angle"). *Revista de estudios sobre la ciudad como espacio plural*, volume 2, number 1. It can search for this electronic address: http://www. ucm.es/info/angulo/volumen/Volumen02-1 /articulos 02.htm). Ingenschoy gives a succinct explanation of the term *insilio* when he analytically talks about the Cuban writer Pablo Juan Gutiérrez:

"At the other side of the school —he says— we find writers who continue living in Cuba without participating in discussions regarding the future of tropical socialism, and now I come to the particular case of Pablo Juan Gutiérrez writer, among others, of novels like *El Rey de La Haban* ('The King of Havana').

That small island that is Cuba, for good or bad, has always projected itself on the world as a magic deposit of exoticism, instead of being perceived as a most sensitive and creative place —a country, for many, odd and extravagant where nothing happens inadvertently and anything uncommon or unexpected is possible; a country that, until 1959, was an advantageous receptor of a great variety of immigrants, thus acquiring an enormous anthropological and humanistic richness; a country where syncretic religions[9] were

These works, at the limit of crude pornography, are openly male-chauvinistic, racist and misogynic. Gutiérrez is a typical provoker; in a long article about him published in *Der Spiegel*, where the author is amazed at the fact that this *enfant terrible* of the present Cuban literature does not seem interested in going into exile, Gutiérrez appears totally nude contemplating Old Havana from a balcony. Th e novels of Gutiérrez are not for sale in the Island: they are exclusively commercialized abroad. Th is fact, however, is not because the novels are pornographic. Isabel Exner, in her discursive analysis of Gutiérrez' writings (2005) demonstrates the splendid codifi cation of his political transgression using a language so politically incorrect. In this sense, Gutiérrez, totally ignored by his city and by his social milieu, is an example of *insilio* —a writer who prefers silence about him (a relative fact) over exile (always total)".

In the case of Lezama, after the publication of Paradiso, one could say he became an insiliado, while De La Vega, since the moment he left Cuba, became an exiliado. 9 "Cuba is home to a great variety of syncretic religions which are predominantly from Africa. According to the United States State Department some researchers believe that 90% of the present Cuban population consults with the practicants of religions that have their roots in Occidental Africa, like the Yoruba Santería. The Yorubas were one of the African tribes that came to Cuba in biggest numbers, during the XVI to XIX centuries, to work in the sugar plantations. Santería mixes elements of Christianism, specifically of Catholicism, with Occidental Africa religious practices. This made possible for the slaves to keep to their ancestral beliefs while praying in the Catholic churches. The Caridad del Cobre Virgin (Nuestra Señora de la Caridad) (The Virgin of the Cobre Charity) is the Catholic

always permitted —given the enormous amount of slaves that came to Cuba between the XV century until the XIX; a country that by reason of a privileged geographic position had a long list of multitudinous ethnic, economic and cultural encounters.

And it is owing to this other characteristic of the "encounter"[10] that Cuba has achieved a notable level of cultural riches in the several branches of art and literature.

It is unquestionable that in the Island has flourished an incredible mixture of races, transculturization that has produced the appearance of great talents as a result of a genetic fusion of joviality and witticism, of intelligence and passion, and, to the contrary, ignorance and brazenness, double morals and opportunism, as well as the most preposterous political myths.

All of the above —including the mentioned defects— has contributed to create an attraction for the foreign tourist that wants to visit Cuba. Even during the 62 years of dictatorship, that has created a zombie-like nation, tourism has continued, giving the offi cial domain billions of hard currency . To this quasi - surrealistic picture, one must add the always aberrant policies of the American and Spanish governments, giving the green light to the despotic Castro regime , as well as the unusual and incomprehensible attitude of the European Union as well. Th is collective blame has created havoc in Cuba, greatly contributing to the miserable conditions in which the people live, a tourism of politics, exoticism and sexual

patron of Cuba. Venerated by the Cuban people, it has become the symbol of Cuba. In the Santería she is syncretized with the goddess Ochún. The important religious feast of the Virgin of the Cobre Charity is celebrated annually by the Cubans on September 8". (Religion in Cuba. *Wikipedia*).

10 Besides its racial diversity —although I said this before in another footnote— there is its sea, its light, its rural smells, its sunsets, among other things.

traffic. Even today, bringing into being the old Cuban magic, now quite withered, and the qualification of a bewitched nation, continue to make the stay of the tourist a rather pleasant one.

Without doubt, the interweaving of cultures (Mijáil Bajtín)[11] and the genetic combinations (due to the fascinating and varied immigration to Cuba until 1959) are the factors that give me the assurance to affirm, once more, that Cuba has been very small in the outside and so big inside. It is also true that given the complexity of the Cuban and besides the defects we can have, there are, in our anthropological and psychosociological structures, virtues that still exist —a complex probity that has produced great cultural icons (above par for attaining universal levels) like the cases, already mentioned, of José Lezama Lima and Aurelio De La Vega.

A Same Epoch

Cultural Nationalism

A parallel between the figures of Lezama Lima and Aurelio De La Vega, like I intend to do in this essay, cannot forget the issue of re-taking the same epoch (1937-1959), lived by the same creators —a cultural lapse, explosive and full of creativity—, pinpointing its beginning at the moment when *Muerte de Narciso*[12], the fi rst book

---

11 Mijáil Bajtín (1895-1975), literary Russian critic, theoretician and philosopher of language. "His thoughts propose a renovation in relation to the discursive unidirectional character, impositive and domineering that has acted upon the classical rhetoric, illuminating the path to a participating, integrant and truly social attitude where diversity, multiplicity of voices and the polyphonic scenario are present, where many authors could see the traits which anticipate the future drifts of the cultural studies". *Wikipedia.*

12 1937 was an important year for Lezama, not only because he published his first book, *Muerte de Narciso* ("Death of Narcissus"), as I had already mentioned, but

of poems by Lezama Lima, is published (1937), and its ending in 1959, when the Castro revolution triumphs. During these 22 years important events occurred for both creators.

Through this period, Lezama developed his creative labor in Havana, while De La Vega would work in the capital later, after coming back from Los Angeles where he studied with the famed Viennese composer Ernst Toch. Both creators were outstanding innovators in poetry and in art music, respectively.

Both of them had to fight for exhibiting their new creative systems to an indolent society. This community, which undoubtedly possessed some paintings, sculptures, well stacked libraries and an occasional piano (usually untuned) here and there, insisted that the painter, sculptor, novelist, essayist, playwright and composer, had to exalt the telluric and ethnic elements present in Cuban culture, apparently forgetting that poetry, literature and music already maintained clear explorations and relationships with local themes, arguments and groups.

This localism —independently from the cultural richness it theoretically protected— generally contributed to keep Cuba isolated from many fresh artistic resonances which had inundated the world at the onset of the XX century. This attitude prevented these new influences from acting on the mere roots of Cuban culture so these could melt with the new, be it literature, music, poetry or painting.

Regarding music composition (and particularly in the case of new harmonies, rhythms, tonalities, atonality, twelve tone procedures, open forms, aleatoric music and micro-scales only possible with the use of electronic devises), Aurelio De La Vega marched against the

because his magazine *Verbum* ("Verb") appeared, and he met Spanish poet and writer Juan Ramón Jiménez, with whom he would maintain a long and sensitive friendship. One year later Lezama became a lawyer, and his book *Coloquio con Juan Ramón Jiménez* ("Colloquy with Juan Ramón Jiménez") saw the light.

old, conservative currents prevalent in Cuba at that time.

For his part, Lezama Lima was searching for "Cubanness" not in the culture which revered exclusively the country's nationalism — even when that culture of "the national" was full of excellent works in poetry, narration and essay, and particularly had produced good popular and art music— but in the essence of a native culture linked with the frame of universality.

In reference to Lezama, and making emphasis in his totalizing zeal, he searched for what could be an art and a literature of "the Cubanness", away from the folkloric and Creole-like vision that permeated those years —which was projected even by the social and political *avant-garde*— always taking into account the presence and qualities of other great cultures of the planet.[13]

For the author of *La expresión americana* ("The American Expression") what was taking place in the Cuban literature of those times was simply Impressionism impregnated by texts of low quality and poor intensity. Of course, there were many exceptions, a fact which could only produce extremes that did not permit adding wings to the imagination.

---

13 Consult the essay of José Prats Sariol: "Orígenes", in his book *Lezama Lima o el azar concurrente* ("Lezama Lima or the Concurrent Ramdomness "), Richmon , Virginia , U.S.A., Editorial La Casa Vacía, 2017, p. 88. In this essay Prats Sariol, talking about *Espuela de Plata*, issue Number One, quotes the maxims from " Razón que sea" ("Reason That Must Be") and reflects upon the universality of Lezama and on the fact that *Espuela de Plata* ("Silver Spur") was like a preamble of *Orígenes*. Regarding *Orígenes* (the review) and its relation to music see page 97 of the mentioned essay, where one can see the interest of that review for art music and for some of the great composers of the moment . It is also important to read the valuation of Prats Sariol of *Orígenes* on page 100 of this essay as being "the rescue of Cubanness " and how Cuba, at that time, "could exhibit a periodical publication which was as good as the best of the planet". Also check, a few pages later of my essay on Lezama and De La Vega, my evaluation of the Orígenes Group.

José Lezama Lima   Aurelio De La Vega

Coincidences and Search for the Universal

In reality, there were many coincidences between José Lezama Lima and Aurelio De La Vega,[14] like the fact that since their young years —and in concomitance— both unfolded a creative style very personal, close to the hieratical and apparently impenetrable, a style which conspicuously identified them and kept them apart from the poets and composers of the moment. Lezama as well as De La Vega embraced a great ecumenical search. The poet of *Aventuras sigilosas* (Secretive Adventures) approached the Spanish Baroque, Góngora, Rimbaud and T. S. Elliot, while De La Vega poked into late Beethoven, Mahler, Szymanowski, Schoenberg and Berg.

In this concurrence of aims that mark the styles of Lezama and of De La Vega —strokes which pushed them to find a culture of the world

14 And these "coincidences", by themselves, could justify this essay and, likewise, could serve as an historical projection, in relation to literature and music, of how Cuba, at present, must re-evaluate both arts coming in contact, more thoroughly and intimately, with the creations of these two important authors mentioned before so many times.

and the implicit desire to advance forward a renovation of the Cuban literature's transcendency and of the Cuban music's outdoing— both expressed themselves in a renewed language that was very abstract, even extremely complex, and totally distant from the easy and from the commercial. This attitude, besides being stylistic was iconoclastic in its content, was never a euphuistic intellectual pose, but true and authentic styles inherent to the nature of both creators.

Regarding the coincidences between Lezama Lima and De La Vega, even when they were two notable makers that never met, as I have said before, the words of another known composer, Reynaldo Fernández Pavón, became important. After visiting the author of *Fragmentos a su imán* ("Fragments to his Iman"), Fernández Pavón says:

I had the impression that in the epistolary one could find the air that was absent from his noisy breathing, but I can testify to the fact that he talked with creole humor about any difficult subject, a posture so different from the image of unreachable personage, invented by the official culture and reinforced by certain circles of literary interests (with bad intentions or without them), that so much contributed during those times to maintain this writer very isolated and unknown by the Cubans.

When he discovered that I was studying music and literature, he talked about Leonardo Acosta, knowing that this musicologist was writing a book on the Baroque of the Indies, and of the composer Aurelio De La Vega, who was never mentioned in our classes of Music History in Cuba, and who, since the end of the decade of the 50s composed dodecaphonic music. Leonardo Acosta and Aurelio De La Vega —said Lezama— are the musicians that, conceptually, are closer to Orígenes.

This great poet took refugee in an *insilio* since the times of the so-called "quinquenio gris" ("grey quinquennium"), the most extreme and intolerant period of the cultural policies of the totalitarian regime of the Island, and this existential occurrence is most important for an analysis and comprehension of his poetry.

"The essential of man is his solitude and the shadow that he keeps projecting in the walls," wrote Lezama. Each verse of the poet is part of the complex meaning of all his work, including *Paradiso* ("Paradise") (1966), his great poem of the narrative.[15]

One can say, without doubt, that our two authors (Lezama Lima and De La Vega) vehemently insisted in radically renovating music and literature, from a perspective where the Cuban elements would fuse with others of a universal nature.[16] I insist on this for the reason that it is the most important characteristic which binds together Lezama and De La Vega, expressed in the incessant struggle against the negative social, cultural and political surroundings.

For Lezama it was a time of undisputed creativity. Several important reviews created by him appeared (*Verbum*), 1937; *Espuela de Plata* ("Silver Spur"), 1939-41; *Nadie parecía* ("Nobody Looked Alike"), 1942-44, and in 1945 the *Orígenes* review, which went on until 1956) and, after several years, they became publications highly consequential for Cuban culture. Likewise, books like *Muerte*

---

15 The complete testimony of Reynaldo Fernández Pavón could be read in *Palabra Abierta* (10/12/2017), on http://palabrabierta.com/el-jose-lezama-lima-que-recuerdo/.

16 There are works of Aurelio De La Vega in which he used some compositional elements derived from Cuban popular music, like his *Leyenda del Ariel criollo* ("Legend of the Creole Ariel"), 1953.

de Narciso ("Death of Narcissus"), 1937; *Enemigo rumor* ("Enemy Rumor"), 1941; *Aventuras sigilosas* ("Secretive Adventures"), 1945 and *La fijeza* ("The Fixedness"), 1949, put the name of Lezama in the highest levels of Cuban poetry.

Two of his essays from this time, *Arístides Fernández* (1956) and *Analecta del reloj* ("Anthology of the Clock") 1953), prepare the road of Lezama as an essayist. Later, in 1957, he would lecture at the University of Havana delivering masterful discourses. These dissertations were collected and published, also in 1937, under the title *La expresión Americana* ("The American Expression"). These volumes announced unequivocally important and deep concepts regarding Cuba and the world that would be projected through a systemic vision of poetry and image.

All these activities contributed to elevate Lezama to the rank of being one of the most remarkable exponents of Cuban literature. Furthermore, the creation of the Orígenes group[17], founded and

---

17 "Orígenes, against any intervention of foreign powers trying to direct Cuba's destiny, made, through creation and imaginative reflection, a nationalist proposal to search and find the roots of Cubanness as to reaffirm its identity , but with a vision focused at the same time on the universal . It was a combination of the local with the primordial of the culture of the world . This way it became an answer against the advance of a terrible corruption process that was infiltrating the economic, the political, the social and the cultural levels of Cuban life. In this sense , it seems like Lezama and Orígenes became as visionary as the ancient prophets.

"Among the postulates of the Orígenes group there was a strong reaction against the culture of the masses, against the mediocrity that for several years had begun to infiltrate Cuban intellectuality. These processes became more blatant after Castro's takeover, during the so called 'grey quinquennium' (which I do not believe was a five-year plan nor much less 'grey', but that it was, and is, a true impasse many years long against the liberty of expression of the human being. For that reason it should be called "the obscure era"). Following the alienation process of the massification of literature and the arts, which brought 'socialist realism' to Cuba, the recognition of the aesthetic principles of Lezama and Orígenes has again surfaced in the Cuba

directed by Lezama, unified some of the most remarkable Cuban poets and writers of that era, together with some of the artists. The group, and its external voice, the epochal *Orígenes* review, represented one of the highest pinnacles in the history of the Cuban arts and letters. Regarding Orígenes, essayist and poet Jorge Luis Arcos has said the following:

> Orígenes (...) constitutes the most important poetic movement of Cuban culture, not only on account of its poets, not even only because of its undisputable quality but, above all, by reason of being the first movement that gave Cuban poetry a cosmovision which deepened into the knowledge of reality from an irreducible poetic enlightenment, and from it, fixed in everlasting and universal images, our substance, our insular being.[18]

Since his youth, Aurelio De La Vega showed, as well as Lezama, a diaphanous interest for *the concept*, for the search of new resources,

---

of the last two decades, and several younger Cuban writers, essayists and critics have acknowledged the historical importance of our poet. Lezama and Orígenes have once more been saluted as an agglutinant force by the new generation, trying to recuperate the lost identity without the possibility of being accused of elitism". Consult Manuel Gayol Mecías: "José Lezama Lima y el asombro de lo invisible" ("José Lezama Lima and the amazement of the invisible"), in *Otro Lunes* ("Another Monday"), September 2008, a.2, n.4, where it says "La búsqueda de los orígenes" ("The Search for the Origins"): http://otrolunes.com/archivos/04/html/este-lunes/estelunes-n04-a10-p02-2008.html. Orígenes group was formed, besides Lezama, who was its leader, by recognized Cuban poets like Gastón Baquero, Eliseo Diego, Cintio Vitier, Fina García Marruz, Virgilio Piñera, Octavio Smith, and painters Mariano Rodríguez and René Portocarrero, among others.

18 Jorge Luis Arcos: *Orígenes: la pobreza irradiante* ("Origenes: the Irradiant Poverty"), La Habana, Editorial Letras Cubanas, 1994 [See the essay "V. María Zambrano and the secret culture" ("V. María Zambrano and the Secret Culture"), pp. 90-1].

for poetic emotions and for virtuosity as a discursive element in his compositions. From the start, De La Vega is going to create works that would arise from the context in which the *fragments of his imaginary* projected a profound encyclopedic richness directed towards an encounter with the universal.

Likewise, Aurelio De La Vega himself has spoken about [the nationalism of] his first time, in the [already exposed] interview conducted by the digital magazine *Palabra Abierta* ("Open Word").[19]

From this epoch are works like his Three Preludes, for piano (1944): *La Fuente Infinita* ("The Infinite Fountain"), cycle of songs for soprano and piano (1944); *Dos movimientos para cuarteto de cuerdas* ("Two Movements for String Quartet") (1945); Rondo in E flat, for piano (1947); *La Muerte de Pan* ("The Death of Pan"), for violin and piano (1948); Trio for violin, cello and piano (1949); *Soliloquio* ("Soliloquy"), for viola and piano 1950); *Obertura a una farsa seria* ("Overture to a Serious Farce"), for orchestra (1950), a work inspired by the theater work *Frenesí* ("Frenzy"), of Charles de Peyret Chappuis; *Introducción y episodio* ("Introduction and Episode"), for orchestra (1952); *Epigrama* ("Epigram"), for piano (1953); and *Leyenda del Ariel Criollo* ("Legend of the Creole Ariel"), for cello and piano (1953), which was awarded the Virginia Colliers Prize (1954). That same 1954 appeared the *Elegía* ("Elegy"), for string orchestra, and twelve months later the ballet *Dédora y Traulio*. 1956 sees the apperance of *Divertimento*, for violin, cello, piano and string orchestra, and *Danza Lenta* ("Slow Dance"), for piano. Next year (1957) appears the *Toccata*, for piano, and Minué ("Minuet"),

19 See Manuel Gayol Mecías: "The Nature of my Music is a Reflexion of Myself, Aurelio De La Vega", in the digital magazine Palabra Abierta ("Open Word"), see in http ://Palabrabierta .com /the -nature -of-my-music -is-a-reflection -of-myself - Aurelio-de-la-vega/. Interview also appears here, in a bilingual way.

also for piano. That same year De La Vega emigrates to the United States. He settles again in Los Angeles, this time in the suburb of Northridge, where ten months later he is going to compose one of the fundamental works of his creative career, his String Quartet in Five Movements *in Memoriam Alban Berg*, which would become one of his better known and most played works. The Quartet is his first totally dodecaphonic work. Together with the Quintet for Winds (1959), these two compositions were the first works written outside of Cuba, where De la Vega, after a brief stay of five months on the Island, will never return.

Without doubt, this cumulus of works must have impressed performers, auditors, music critics and musicologists not only because of the quantity but, primarily, for the quality of the works and, above all, due to the very extreme revolutionary aesthetic and technical propositions that these compositions meant for the Cuban art music of that moment.[20]

The Origins group at the home of the priest Gastelu, in Bauta, celebrating the 1952 National Literature Prize awarded to Lorenzo García Vega.

---

20 See the afore mentioned interview by Gayol with De La Vega, which could be considered as the vision of the composer in those times.

In the case of Lezama, his glance, through the Hispanic Baroque, was directed to anything related to Cuba but which, at the same time, was capable of melting with the universal, thus linking with the multidimensional character that always has palpitated in Cuban culture. It was a lucid way to see the Cuban nation as an identity in evolution, searching not only within the confines of the physical world but also looking into the imaginary dimension of the highest and most fecund works of humanity.

Liberty and Rebelliousness

A *Lezamian* characteristic, and one which palpitated in the whole world of Orígenes, was the strong sense of liberty that, in its universality, projected what was Cuban. For the Orígenes group, liberty became what was the Logos for Heraclitus. It was like a necessity of order and fluidity that would permeate all of their creations. Liberty was for each one of the originist creators, the indispensable by-laws to project the group as a guide to a Cuban passion, always in development.[21] The first editorial of *Orígenes* review, which became a manifesto, reads in part thus:

> ...the respect which the hard-working human being who approaches that creation deserves, whose work has to develop within the limits of his or her own liberty, consequently endangers the justice which interests us, consisting in dividing the human beings into creators and workers or, by the contrary, into social climbers and lazy ones. Liberty means for us the absolute respect that creative work merits. It can be expressed in the most

---

21 José Prats Sariol (*Orígenes*), *op. cit.* p. 94, in which one can appreciate Lezama's and the Origens group rejection of mediocrity, of society's corruption and of the political ambit of the moment.

convenient form according to his or her temperament, his or her desires or his or her frustration, departing from an obscure "I" or from his or her reaction or action when facing the solicitations of the external world, as long as he or she manifests him or herself within the limits of the humanistic tradition and the parameters of a liberty that derives from that belief which has been the pride and craving of all the citizens of the Americas.[22]

This idea of liberty, from my point of view, is essential to any diversity in evolution . *Orígenes* was looking for an evolution that imbricated the ingredients and the basis of all questions pertaining to the totality of the Island's human categories, embracing an insertion transit toward themes and aspects of a world -wide culture .[23] In relation to all this one could say that Lezama Lima, Rodríguez Feo (producer and editor of *Orígenes*) and all the writers and artists of the group envisioned what we call today as globalization , conceived, of course , from an ideo -aesthetical perspective and not from a political or economic angle.

In my opinion, Cuba, given its geographical position, has always propitiated the encounter of races of ample diversity, besides being the primordial interbreeding of the Spaniard and the African black, as well as many other races that were incorporated in the life on the Island. The Island has always had an identity in progression, as if in an analogous way we would talk of "a being" and a "non-being" which would define the Cuban.

---

22 *Orígenes,* a. 1, n. 1, La Habana, 1944.

23 Lezama said: "...those forces of creativity, or the strong birth that one must go through to search for purity or impurity, for quality or disqualification [...] as long as they manifest themselves inside the humanistic tradition and of liberty derived from such a tradition". See José Lezama Lima: *Orígenes, op. cit.*, pp. 5-7.

It is legitimate to think that if in the complete works of Lezama this characteristic is predominant, the same mark appears profoundly etched in the compositions of Aurelio De La Vega[24]. We must point out that putting in motion their own creative liberty meant for both Lezama and De La Vega an attitude of rebelliousness. In Lezama, that liberty of writing as he pleased, and of pursuing the Cuban traits inserted in the Occidental world, slowly showed him as an ideological opponent of the Castro regime, thus suffering an almost total ostracism. This produced in him disconcert, perplexity, bewilderment, disillusion and the fear of becoming a stinking and annoying person after the publication of his novel *Paradiso* (1966).

On his part, De La Vega had been, at the end of the decade of the 40s and all through the 50s, a reluctant and confronting composer, fighting against the Cuban musical tastes of those times, and writing unacceptable and disagreeable works for a great quantity of musicians and for an enormous mass of music listeners.[25] It is

24 In the case of De La Vega, regarding his rebelliousness, one can see the video of an important documentary realized by the Cuban filmmaker Camilo Vila (narrated by Andy García) entitled ("Aurelio: Rebel with a Cause". Likewise, one can take notice of the critical study by Manuel Gayol Mecías: "Emotion, Intelligence Rebellion and Motivation in Aurelio De La Vega, in the documentary by Camilo Vila, in *Palabra Abierta* ("Open Word"): http:// palabrabierta.com / emotion -intelligence-rebellion-and-motivation-in-aurelio -de-la-vega -in-the - documentary -by-camilo -vila /. One can read it in Spanish and in English as well in this same publication : "Emoción, inteligencia, rebeldía y causa en Aurelio De La Vega, en el documental de Camilo Vila".

25 "I invented and lived a diff erent history . When all were playing drums it occurred to me that I should be German . I thought that a good dose of immersion in the Teutonic music world [...permitted me] as an escape , to discover the technical -sonorous wonders of Strauss' *Salome*, to roam about the labyrinths of Schoenberg 's *Symphonic Variations* , or enter into the exalted portals of *Berg 's Violin Concerto* . On the other hand these explorations provided me with a solid platform from where to launch my own idea of a local musical revolution". See De

important to mention that, contrary to Lezama, De La Vega never felt any curtailment or asphyxiation of his creative or personal liberty by a political totalitarian regime, having had an early intuition which alienated him from Cuba after Castro's revolution.

Maybe in Lezama the rebelliousness could not be seen clearly since his literary works had a larger period of conception than the musical compositions of De La Vega. Any of the books of Lezama required a big intellectual effort and the possession of a vast culture in order to read and understand it. (Consequently, his hermetic style became very difficult to assimilate for many of the official intellectuals and writers). This, of course, classified him as a dissolute troublemaker who would not adapt himself to the Communist regime party lines, which promulgated a colloquial poetry and narrative that would be in agreement with Socialist Realism.

In De La Vega's case, liberty of creation was explicit, obedient to a temperament given to challenging, to polemics and to an iconoclastic expressiveness. Our composer himself expresses his thoughts on this matter:

> If my Cuban colleagues employed maracas in their works, I wanted to strum the piano strings; if they created symphonic *habaneras*, I wrote pan-tonal wind quintets; if they confered Scarlatti-like Cuban sonatas, I took a fancy to writing vast Mahlerian sonorous friezes. In the middle of the 1950s I felt totally isolated: the general public considered me to be a daring lunatic without possible redemption, my musical colleagues accused me of being anti-Cuban, and a few intellectuals, who

La Vega's essay "Nacionalismo y universalismo" ("Nationalism and Universalism"), in *Encuentro* ("Encounter") Review, No. 20, Spring of 2001, p. 49 and on.

complaisantly tolerated me because they knew I was not stupid, gave me soft slaps on the back and solemnly advised me to pay more attention to the writings of the Fathers of the Motherland, from José de la Luz y Caballero to Mario Sanguily.[26]

The fight of José Lezama Lima and of Aurelio De La Vega was against the danger of a total nationalism. Radical nationalism, in its desire to impose itself as a political and cultural force only produces misshapen isolation. This does not mean that, culturally, a free nationalism can produce great musical and literary works, which can represent a country with dignity. I think that a positive, free nationalism can intent and obtain —from roots that would contain a possible cosmic vision— the establishment of a dialogue with the universal and, therefore, conquer an egregious place in the world. But the persistence of a drastic and excludable nationalism, with a total fanaticism that grows radicals in the local scene, can hardly produce historic grandiosity. From this perspective, let us see what ample focusing De La Vega has of these concepts:

I proposed, even before the Cuban abstract painters made their appearance, that Cuba should get away from a musical nationalism to the death, breaking chains and frontiers, to invent a sound that would go beyond the touristic postal card concept with which the paternalistic cultural-colonialism of the European nations and of the United States baptized any Latin American musical product. I want to create a music that would be so important by itself, so new and so universal, that it would stand by its own technical-aesthetic values in the international

26 *Encuentro, ibidem.*

landscape; a music, finally, which without the easy recognizable *cha-cha-cha's* and *montunos*, would be, however, intrinsically and essentially Cuban, simply because its author was Cuban; a music which would distil its national lineaments transforming them and inserting them, though a complex osmosis process, in the universal vocabulary, ecumenical and *avant-garde*, of the Occidental classical music of our time.[27]

The Hermetic Labyrinth

In relation to the hermetism of both Lezama and De La Vega, we find in them an uncontainable desire to embrace the world; and in this eagerness for the universal —to my way of thinking— is what makes them travel through a road of labyrinthic search. The facile always has a direct direction, plain, with little or no digression, while the difficult transits through sinuous, undulating, serpentine paths and through trails filled with unexpected twists (without trying to condemn any writing style, the rational or the hermetic). That turns out to be a cultural entanglement, a warehouse of

---

27 *Encuentro*, ibidem. In reality, the concept of nationalism is a complex one. At some moment, in some place, I have said that I accept in music as well as in literature, the presence of a certain harmonious nationalism, somewhat primitive, that could show the world something characteristic of our people, and which, at the same time, would be seen outside our shores not only as an agreeable folkloric touch but as a qualified and apt element that could project something new to the worldwide musical and literary scene. This type of nationalism, with themes, structures and resources which could talk about our history, would be welcomed. Through these inter-communications we could see, hear and assimilate what would come from Berlin, Vienna or Paris. But when we are looked upon as exclusively nationalistic, or like exotic birds good for commercial gazing, then we are in trouble, and we become pure entities, and the Island a mere piece of land, wonderfully suited for having fun and for drinking heavily at some local joint.

intelligence, discernment, erudition and passion, an encyclopedism which organizes itself in a mental manner in order to act intuitively.

In Lezama, the constant desire to find the primordial of the world encrusted into the history and the anthropology of the Cuban, was always predominant, since he always conceived Cuba inserted in our planet, mainly because of its splendid and magical diversity. From this obsession comes the cosmovision and the totalizing gestures of his novel *Paradiso* and, of course, of his most enigmatic poems. In his quest he employed all of his encyclopedism and an overflowing system of Baroque imagery. To this he added the profound profile of his dark fancy, evident in his prose and in his poetry. His entire work is marked by his abundant and intense lexicography and for the search of time transcendency in his metaphors, in the myths he employed and in the images that revealed the affective persona which dwell in him, and in his inquiry of the cultured mind without forgetting the extraordinary power of popular culture.[28]

The mental labyrinth of these two creators was and is of a profound intuit and of prodigious memory capacity, that not only combines reasoning and memory but also propitiates the human emotional sensitivity which is required by a poem or by a theatrical work, as well as by a bouquet of notes forging a score. Lezama, at the moment he would write a poem, a novel or an essay, had the gift of remembering the precise myth to establish a descriptive

---

28 At this moment I propose the reading of *La cantidad hechizada* ("The Bewitched Quantity"), a book where Lezama tackles universal themes, including the text "Las eras imaginarias" ("The Imaginary Eras"), on China, the Orphics and the Egyptians. Lezama's search for a universality inserted in the Cuban cultural landscape shows a close parallel with De La Vega, in the sense that both were exploring ambits (subject matter, forms and sounds) far beyond what was offered by the Cuban context.

comparison, or the faculty to fi nd the ancient meaning of a disconcerting word.

In relation to De La Vega, he imagines sound like the action of feelings, or even as a remembered history, obtaining this retrieval through a mental process that awakens anecdotic images, dusting some medieval or Roman theme; these are the oases of the *Leyenda del Ariel criollo* ("Legend of the Creole Ariel") or of *Débora and Traulio* ("Deborah and Traulius").

Isolation and Censorship

In reality, like I have said, Lezama Lima and De La Vega became , early in their lives, controversial fi gures in the creative and social *milieu* of the mid 20th century Havana. In the case of De La Vega he was almost totally isolated from the musical scene of his own country even a long time before the Castro takeover , surrounded in his ostracism by an exacerbated localism.

"In the last years of the Republic, Lezama and I were apparently respected by some members of the Cuban intellectual elite, who would applaud us but who, in essence, did not really understand us ", De La Vega once told me. It is true that it seems that there existed a degree of tolerance and even respect toward them , but since I know well the small world of the intellectuals , I am almost sure that aft er the applauses, in between the curtains, there were gibes, sneers and vituperations.

De La Vega was never asked to belong to the Grupo de Renovación Musical (Musical Renovation Group), for example , that was created by José Ardévol, the Catalonian musician who arrived in Cuba and became Conductor of the Orquesta de Cámara de La Habana (Havana Chamber Orchestra). One can only speculate about the effect that the atonal and dodecaphonic sonorities of De La Vega, even more, his aleatoric experiments, would have had within the ambience of the Island's musical community of that time.[29]

Both creators were heavily criticized during those years: slander, defamation, sarcastic reproaches, as well as steely darts thrown at various moments, plus insults seasoned with all kinds of epithets.

Close to the Orígenes Group and its review[30], Lezama Lima

---

29 Proof of this is that in the volume *Presencia de la Revolución en la música cubana* ("Presence of the Revolution in Cuban Music"), written by Harold Gramatges, the name of Aurelio De La Vega is not even mentioned once. This fact turns into a boomerang against Gramatges and other Cuban musicologists who clearly lacked ethical values for not including De la Vega in their writings, or commenting on his music which was by then magnificent.

30 "*Orígenes* review published only unpublished materials, collaborations as well as translations. In its pages appeared short stories, poems, literary and theatrical criticisms, essays on plastic arts, aesthetics and music, and in it the latest European literary trends were taken into account. Collaborators included Alejo Carpentier, Roberto Fernández Retamar, Fayad Jamis, Samuel Jeijóo, Eugenio Florit, Enrique Labrador Ruiz, Lydia Cabrera, Virgilio Piñera, Cleva Solís, and many others. Foreign collaborators included Juan Ramón Jiménez, Aimé Césaire, Paul Valery, Vicente Aleixandre, Albert Camus, Luis Cernuda, Paul Claudel, Macedonio Fernández, Paul Eluard, Gabriela Mistral, Octavio Paz, Alfonso Reyes and Theodore Spencer, among many others. Almost all numbers of the review were illustrated by the best Cuban painters of those years, among them Amelia Peláez, Wifredo Lam, René Portocarrero, Mariano Rodríguez and Carmelo González. At the same time the review was published the Orígenes editions appeared. In them were featured the literary works of many of those writers and poets that had gathered around this organization".

According to Lezama, "Orígenes resolved a Cuban-Hispanoamerican selection issue, including what was being done in the rest of the world (...). It was a true Renaissance Workshop, animated by musicians, draftpersons, poets, painters, organ players...". The generation of writers known as the Orígenes group —Lezama said— "was in reality the one that imposed the new expressions and the spirit of modernity". Consult: José Lezama Lima. "Chronology. Active/Passive bibliography". [Editorial writing: Alexandre Pérez Heredia. Web design: Pavel

repelled the superficial mediocrity of the social surroundings, besides feeling a great frustration for the loss of the political and social values during the Republican era. Surely, he experienced a bigger disillusion when confronting the implantation of a Stalinist-Castroist system during the decades of the 60s and 70s.

The cultural universality of the Orígenes Group, or better, the fight of Orígenes for a Cuban universalism, has left a deep mark in the literary and artistic history of Cuba. In reality, though, Orígenes never was able to go beyond being a splendid cultural movement; slowly it faded into history, even when the Orígenes people were the best writers and poets of the moment. Unfortunately, the usual human petty fights took their toll: the internal confrontations between José Rodríguez Feo (the producer and financial supporter of *Orígenes*), Virgilio Piñera and José Lezama Lima gave way to the death of the review and later to the dissolution of the Group.

For his part, Aurelio De La Vega was never able to count with an organized group of colleagues that would support him, as it was the case with Lezama and his Cycoplean Orígenes Group. If De La Vega carried out his fight alone, we must point out that even Orígenes could not reach many other creators, who thought that the Group was a conglomerate of mistaken elitists who acted outside the cultural line that Cuba should have taken from the 40s on.

During the decades of the 30s and 40s, De La Vega took notice of the titanic efforts of Guillermo Tomás, of Roldán and of Caturla,

---

Alfonzo Arteaga. Drawings: José Luis Fariñas], in this electronic address: http://www.cubaliteraria.cu/autor/lezama_lima/bibliografia_revistas.html#origenes. In 1954, a dispute occurred between Lezama and Rodríguez Feo, provoking this last one to leave *Orígenes*. The review only published three more issues until ceasing to exist two years later. See José Lezama Lima in *Wikipedia*.

who presented in Havana the music of German and Italian composers of the moment, but who were not able to penetrate the thick walls of a deeply rooted nationalism. Of course, this nationalism heavily permeated erudite music, well known the world over and which, on the positive side, showed an impressive variety of rhythmic activity that has remained permanently embedded in the history of music and, on the negative, constructed cultural ramparts that prevented Cuban classical music, pointing to the universal, to be known to the rest of the world.

Paradoxically, Cuban popular music created a variety of sounds and rhythms that, although remarkable, kept it on the level of pure commercialism and highly sought-after exoticism, to be enjoyed by a foreign public who consumed it by the tons from the decade of the 30s to the present. This barrage of mercantilism created the absurd idea that Cuban music for tourism was the only musical genre that represents Cuba, giving way to the fact that this type of music has leaned towards cheap popularity, an easy way out of any type of a more sophisticated type of thinking, and to imitation and limitation.

In the particular case of Aurelio De La Vega, we must point out that he suffered, and still suffers,[31] the most stupid alienation

---

31 During an interview conducted by Jesús Hernández Cuéllar for the digital review *.contactomagazine.com*, where he is Director, published on January 9, 2002, De La Vega makes the following statements in relation to the alienation that his music had suffered until that moment in Cuba:

I think that it was Leo Brouwer who broke the chain of that isolation. Also strongly helping to break the formidable barrier erected by the Cuban Government, eradicating my name and works from the national canon, excellent composer Juan Piñera, Director of the classical radio station

and censorship bestowed on a creator by his own motherland. Notwithstanding, all the fruitful career of the creator of *Obertura a una farsa seria* ("Overture to a Serious Farce") (1950) —from his works written in Cuba to the ones composed outside of Cuba—has given the Island an extraordinary prestige that, like it or not by the present Communist Cuban government, will stay forever in the annals of the classical music of the country.

CMBF, produced and aired several programs dedicated to my music. Of what I am very sure is that inside Cuba Aurelio De La Vega's music has not been heard extensively nor his name forming part of the offi cial plans for musical studies. Also, Orbón's works could not be interpreted until aft er he died. I suppose I will suff er the same fate as Guillermo Cabrera Infante or Gastón Baquero, about whom no one talked until they disappeared from the land of the alive. When the Cuban artists of today are granted permission to perform abroad they always say that Cuban culture is only one, but when a Cuban artist lives in exile then ... oh well, they are not precisely very well received.

In fact, while this essay is being written, De la Vega still suff ers the darts and the fabrication of lies and calumnies regarding his music, even when it was thought that by 2012 a partial censorship of his music was dropped. The news about this supposed change was given by *Palabra Nueva,* a center for a mild free speech movement under the patronage of the Cuban Catholic Church, news that was reproduced by the *Daily News* newspaper in Los Angeles subsequently spreading the message world wide (http://www.dailynews.com/article/22/20121019/ NEWS/121019598). This reference can also be seen "En Cuba he sido *persona non grata* por más de 50 años" ("In Cuba I have been persona non grata for more than 50 years"), in the digital magazine *Cuba Encuentro* (October 20, 2012: http:// wwwlcubaencuentro .com/cultura/noticias/aurelio-de-la-vega-en-cuba-fui- persona-non-grata-durante-50-anos-280963) The case is that by 2017 everything turned to be a simple attempt of a possibility that, truthfully , produced little. The total unfreezing of the music of this notable figure of Cuban classical music remains a myth.

During the decades of the 40s and 50s De la Vega premiered numerous works in Havana, London, Washington and Madrid, while Lezama published several books of poetry, and multitudinous essays and articles, continuing his leadership at the helm of Orígenes. At that time, the review had become a powerful power plant of creativity.

This is the epoch when Lezama and De La Vega coincided in Cuba, specifically in the Cuban capital. De La Vega acquired a strong public profile when he was appointed as an Extraordinary Professor of the Faculty of Philosophy and Letters at the University of Oriente, in Santiago de Cuba, where he established in 1953 the University music career, with Licentiate and Doctorate levels. In all of Latin America, it was the second time that music was introduced in the University *Curriculum*. Only the University of Tucumán, in Argentina, had preceded the University of Oriente by some five years. De la Vega, also, was appointed Asesor Musical (Musical Advisor) of the newly created Instituto Nacional de Cultura (National Institute of Culture), a position he occupied from 1953 until January 1, 1959, the year in which he left the Vice-Presidency of the Havana Philharmonic Orchestra.

The Renovation Bifurcates

Censorship Becomes Cruel

After 1959, the roads split in two: De La Vega, who had left for the United States in 1957, comes back briefly to Cuba two years later. Arriving on February 17 he stays until June 1, 1959, when he definitively returns to Los Angeles, where he teaches at the University of Southern California for three months before accepting another position at California State University, Northridge, a city that becomes his permanent residence up to the present. Lezama stays in Cuba, believing, like so many other intellectuals and artists, that new wondrous times were arriving, giving new life to the literary and artistic creation.

In reality, Lezama, at that time, did not cease to have all sorts of opportunities and recognitions from the official cadres of the Castro regime. That same 1959 he starts working at the National Council of Culture, and is appointed Director of the Department of Literature and Publications, where he promotes the printing of important collections of the Classics and of Spanish writers and poets. Next year, 1960, he publishes *Dador* ("Giver"), a book of poetry, where he shows that he still is a powerful creator full of *origenista* sensitivity.

Later, he takes part, as Delegate, in the Cuban First Congress of Writers and Artists, where he is appointed as one of the Vice-Presidents of the National Union of Writers and Artists of Cuba (UNEAC). Later in 1961, he is invited to be a poetry juror for the Prize Casa de Las Américas (House of the Americas), a contest for which he would serve as juror on two more occasions (1965 and 1967). It was in 1963 when he met Julio Cortázar, the famous Argentinian writer who had also been invited as juror for House of the Americas. Since 1957 Lezama and Cortázar maintained a correspondence, and this last one turned into a great admirer of the author of *Paradiso*, starting with his essay "Para llegar a Lezama Lima" ("How to reach Lezama Lima") from his book *La vuelta al día en ochenta mundos* (1967) ("Around the Day in Eighty Worlds"). Reciprocally, Lezama wrote his famous essay "Cortázar y el comienzo de la otra novela" ("Cortázar and the Beginning of the Other Novel"), as a prologue to the Cuban edition of Cortázar's famous novel *Rayuela* ("Hopscotch"), appearing later as part of Lezama 's essay book *La cantidad hechizada* ("The Bewitched Amount").[32]

For Lezama, the publication of *Paradiso* ("Paradise") (1966) opened for him doors to a new dimension of Cuban literature in Hispanic-America and, on the other hand, closed them for him in Cuba, where many writers and even the Castro regime, censured it heavily. The good accolades came to him from important foreign intellectuals like Julio Cortázar, Octavio Paz and Carlos Monsiváis, while many of the Cuban officialist-socialist writers rejected the novel, calling it morbid, pornographic and hermetic.

In the case of De La Vega, his definite decision to stay in the United States was underlined by the welcome gestures of many of his American friends and colleagues, reinforced by his own spirit of liberty and by the **desire to succeed** that invariably surrounds any talented immigrant who has settled in this country. In another interview with newspaper man Jesús Hernández Cuéllar, after his work, *Preludio Number One,* obtained for him a second nomination for the Latin Grammys,[33] De La Vega answered one of the questions of Hernández Cuéllar saying:

> The creator, when leaving the castrating *milieu* that suffocates him (or her) and finding himself (herself) elated by the open attainability of foreign lands, enriches substantially his or her own imagination. If I would have stayed in Cuba my music

---

32 See "José Lezama Lima" in Wikipedia.

33 See the video "*Entrevistas* ('Interviews ') with Aurelio De La Vega and Yalil Guerra, both nominated for a XIII Latin Grammy", by Jesús Hernández Cuéllar, Director of *ContactoMagazine.com,* on YouTube: https://www. youtube.com/watch?v=QzzgqkN4Q10&t=1926s.

would have been different. There are environmental and political phenomena, sonorities and customs that would have tinted my music. For me, the confrontation with foreign cultures enriched and multiplied the emotional, the rational and the inventive possibilities.

Paradiso and the Reinventions of Lezama Lima.

A Single Immense Work

Paradiso was not an effort of Lezama for constructing a vast cathedral following the meandering fast steps of his autobiographical dimension. No, this novel constituted, in reality, the pinnacle of the orgiastic rapture of the word and the summit

of the gods that pullulated in Lezama Lima's magic mental reinventions. This apotheosis of a Caribbean light with an insular foundation of Cuban roots looking to the universal, has expanded over time in its splendor, reinstalling itself in the apex of the world.

Paradiso takes into account, among an infinite amount of themes, the tunes, rhythms and sonorous invocations which go from the rootedness of Cuba to the mythical plot of other latitudes. In reality it is a grandiose symphony which develops itself from dawn until the divine twilight of the afternoon; it is a temple of kaleidoscopic colors which embraces the legends and the poetic word, turning them into one of its great attributes; it is the creation of the image and the philosophical meaning of the erotic; it is his natural and bookish knowledge which conforms his Baroque style; it is an ample, wide, latent style of universal edges which recreates history transforming it into a feast of the imagination.[34]

The same is applicable to *Oppiano Licario* (1977), his other novel interrupted by the death of Lezama, as well as to his poems and essays. That *Paradiso* was "an enlightenment for the initiated", a proposition advanced by José Cemí, the character that is Lezama's *alter ego*, is what continuously is developed in *Oppiano Licario*. In reality, Lezama is the author of a single immense work, which should be the case of any great creator. To achieve this is the aspiration and the obligation with life that we have as writers and artists. Licario is the professor of José Cemí, and the fictitious Lezama resorts to him to create a vast poetic-philosophical system that would give a better finishing to his paradisiac grandiose cathedral. *Oppiano Licario* is the continuation of *Paradiso* but, at the same time, it is

---

34 We would talk here, establishing a comparison with De La Vega, of how the primacy is not the word (sound) in its lexical (sonic) significance but in its image essence (style) which, in fact, is its basic seed. Lezama may have thought of an immense musical symphony, in its representation of mental images, when he was writing *Paradiso*, which would unite the Dionysiac with the Apollonian to end with a hesitating rhythm of solitude, silence and repose, that is the end of *Paradiso* (Chapter XIV). In fact, Dr. Ivette Fuentes de la Paz, an exponential specialist in Lezama, has pointed out to me how it would be interesting to establish a counterpoint in chapter XII (the one of the musical critics) where four parallel histories would contribute to the space-temporal disintegration. At the end of the Chapter the soldiers are playing dice, like offering the four narrations to chance. This is one of the most suggestive chapters of the novel, since it is most fascinating to see how Lezama introduces the disintegrating musician and how this dissolution could relate and even contrast with the melting of notes in the works of Aurelio De La Vega.

an adjustment of all his Labyrinth as Poetic System of the world.35

From one of the many points of view given by *Paradiso* and *Oppiano Licario*, one must understand that both novels form a grandiose fictional *fresco* of Lezama's life.3 In him, may be unconsciously, the fusion of his imaginary world (his *Imago)* with the reality of him that we have inherited, was fundamental.

---

35 "One must not see them as separate things. It would be my single work, in which I will say whatever I had to say (...), because I am a novelist of a single novel" (Reynaldo González, "Entre la magia y la infinitud. Conversación inédita con el autor de *Paradiso*" ["Between Magic and Infinite. Unpublished Conversation with the Author of *Paradiso*"], in his *José Lezama Lima, el ingenuo culpable* ["José Lezama Lima: The Ingenuous Guilty"], La Habana, Letras Cubanas [Cuban letters], 1988, page 40).

To write my novel I set out from a poetic root, metaphor as character, image as situation, dialogue as form of knowledge —all in a Greek way. In me, poetry, essay and novel form part of the same scraping of the old tree medulla (*Cartas a Eloísa y otra correspondencia* ["Letters to Eloísa and Other Correspondence"], cit. page 141).

See likewise Remedios Mataix: *Paradiso y Oppiano Licario: una guía de Lezama* ("*Paradiso* and *Oppiano Licario*: a Guide to Lezama"): *http:// www. cervantesvirtual .com/obra-visor/paradiso -y-oppiano -licario --una-guia-de- lezama-0/html/ff 2fc5aa-82b1-11df-acc7-002185ce6064_2.html.*

36 In *Interrogando a Lezama Lima* (" Interrogating Lezama Lima") [interviewing Lezama Lima at the Centro de Investigaciones Literarias de la Casa de las Américas (Center of Literary Investigations of the House of the Americas .), Barcelona , Anagrama, 1971, p. 27], Lezama says:

The family remembrances, the friends, the daily and nightly conversations, the hatefulness, the images, Plato, the bestiaries, the Thomist angiology, the resurrection. In a word, family, friends and myths. My mother, the temptations and the knowledge of the infinite. Nearness, chaos, and the Eros of the far away. All of this is part of what this Orphic initiated is all about, together with his poetic and philosophical concepts.

And I would like to amplify this criterion by saying that Reality (with a capital R) in Lezama is not what we have been accustomed to see. Reality in this peculiar creator is bi-dimensional: there is a corporeal facing, which is the concrete life in which we live, a life we can touch, feel, see and hear, and the one in which we can interexchange daily our needs and our material yearnings; and there is an imaginary façade in which we can intuit an infinite world in an invisible manner (apparently absent but in reality present), a world where forms are images, inventions, aspirations, desires and idealisms, that often are unintelligible but capable of being felt.

These two dimensions cohabit in all of us, overlapping and articulating a harmonic fight between the conscience and the unconsciousness. Lezama, in his Poetic System of the World, perceived intuitively this type of Reality and reflects it in his poems, in his prose, in his essays and in his two great narrative writings, which, as he said, are only one novel.

Aurelio De La Vega and the Frenzy of Sound

In the case of Aurelio De La Vega, now living in the United States,

his talent has been able to find repose in innovation and in expressive liberty. His creative vision, in the field of ideas as well as in the world of sound grew constantly. The same way that the Universe has been expanding, the mind of this composer has been capable of apprehending geometry's forms and transforming them into sound nebulas and pentagrams of light and color[37]. De La Vega's always expansive imagination makes us travel through radiant paths replete with pianos, flutes, cellos, trombones and violins, going towards other instrumental dimensions like the weighty and profound throbbing of subterranean drums —those that begin or end their pulsations with the appearance of shimmering cymbals. In the always invisible echo of the sounds, they produce thunders which seem to emanate from a telluric fountain, a force that not only gravitates in our bosom but stays vibrating in the space until disappearing in the profound abyss of a radiant obscurity full of mysteries.

The works of Aurelio De La Vega have always delved into human emotions, combining intelligence and passion until the space is filled with sensations, even with opposing impressions like sadness and happiness, or the quivering of a poem and the versatile rhythm of a doubt. In different ways their vibrations translate into a chant of blood and pulsations. It is the frenzy of sound, the amplitude of the heart, the world palpitating in the reflection of our own shadows and of our own intense dramas.

My interpretation of art music and, in this case, of the compositions of De La Vega, is simply emotional and sensitive —a sensible perception capable of combining the excitement that good sound produces with the imaginative strength of the poetic. I am not a musicologist nor a specialist in classical music, but simply someone who, given his poetic sensitivity, ventures to establish an aural judgment. Thus my personal interpretation of De La Vega's *Leyenda del Ariel criollo* ("Legend of the Creole Ariel") of 1953, when the author was still living in Cuba, where since the start of the work, I perceive

---

37 See his *The Magic Labyrinth*, for any number of instruments and/or voices, of 1975; the other graphic scores of his are in this book.

contrasting images and where I feel that the piano's strong chords make me envision a hazy image of the Island; may be more than an image a presence of a very greenish patch, bound by the waters.

When I hear the recording of that work, I feel that the Sun of that time is now very feeble, because it has transformed itself into a farewell sobbing. Then, between the piano chords and the bowings of the cello, I perceive great majesty and intense sadness. The material of the accompaniment touches me, creating in my imagination a vast mantle of blue sea on which a spiritual entity strolls its energy in various dissimilar forms. The non-corporeal being walks under the melancholy of a greyish and stormy sky –a firmament where the clouds slowly tarnish with a penetrating black. The air brings an odor of premonition, like if the smell assisted the memory of an oracle. Then I become aware that there are tears and surprises in the chant of the cello, which is the voice of Ariel clamoring on a desert of earth and water. Suddenly, the cello's *pizzicati* make me tremble because I forebode the menace that sifts over our insular world.

Since the cello emerges, after the ample introductory statement of the piano, it gives way to sorrow and to grief, like having a vision of a turbulent future. (I do not doubt that politically De La Vega already preconceived the destiny which hung over the Island. Let us remember that 1953 is the year when Castro rebel forces attacked the Moncada barracks in Santiago de Cuba, a historical occurrence which precedes Castro's takeover.) It is Ariel's melancholia mixed with the impotence of not accepting the mediocrity that was gnawing the creative potentiality of the Island. The creole Ariel feels his creator's lineage, his intelligence and his passionate character.

Th ere are harmonics and double stops in the cello that seem to be like suspended in mid air, prelude to a needed pain —a pain which is also transformed into pleasure because he wants to live beyond the cultural, social and economic devastation waiting to explode. Th is *Leyenda* is a manifestation of suff ering but, at the same time, it is an auto-recognition of strength and tenacity, of land and sea, and I believe it was the sentiment of a young man of 28 years of age who foreboded the ominous days to come.

Th e long vibrant notes in the cello are heavy tears that fall into the sea. Th ere is a gaze toward the far horizon , the sensitivity which is consumed , and the eyes that go North with the aft ernoon dusk . Th is is my exegesis of *Leyenda del Ariel criollo*, a true subconscious proximity to exile.

Utopia and Eradication

Th e Ingenuous Chimera of José Lezama Lima

Between José Lezama Lima and Aurelio De La Vega a same time occurred and a similar creative attitude prevailed , at least in a fi rst great life stage that goes from 1937 to June of 1959 (the year of Castro's rebellion triumph), when De La Vega is in Cuba for the last time.

But beginning with that same year of 1959, an historic keystone moment in the history of the Cuban nation, Lezama, who stays in Cuba, begins to believe in "the image and the possibility: "July 26" 38. Simultaneously, in the mind of an enormous amount of people , a symbol of "the image " was a "wondrous possibility ", and Lezama published an article on the subject. He published it with the bable keenness of his dreams, feeling the necessity

---

38 José Lezama Lima: "El 26 de Julio: imagen y posibilidad" (JLL: "The 26 of July: Image and Possibility") in *La Gaceta de Cuba*, La Habana, June of 1965.

of expressing his political ingenuity,[39] which was in line with the utopias that many intellectuals and artists have harbored at different moments of their lives. The article could have also been his chimeric aspiration, fabulous and even fantastic, as his own possibility transformed into an absurd rendition of the Genesis Eden. This *not seeing but just believing*, took him to the absurd position of being an admirer of Castro's revolutionary phenomenon that, in its beginnings, ensnared many intellectuals. Three years later, in1968, Lezama published his personal homage to "Che" Guevara, after the news of the death of the Argentinian partisan reached Cuba.[40] Did he see Guevara as a hope, the possibility ending in a symbol, in a dream? I think it was this last classification, since with time "Che's" image became a nightmare, full of a trickle of blood stained appearances, distorted figures and tormented representations which, given Lezama's ingenuousness,

---

39 I have talked about a subject that others, more far-sighted than I, may have already examined, namely the assumed political thoughts of Lezama. "The political" is the strategy of saying or doing something in accordance with party directions, but the "ideology" is the profound side of any political movement. Sometimes ideology turns to be a deceptive vision of reality, and therefore becomes pure obfuscation. Lezama never was a lucid politician, but rather a full-fledged ingenuous person. In reality his ideology was his "imagination". Like it has happened through history to many great thinkers and artists, Lezama was a curtailed dreamer. His conscious work became an insular cosmovision of the Island inserted in the orb like a dictum of destiny. His ideology was the poetic-philosophical image as a world system. He could have written more articles like "El 26 de Julio: imagen y posibilidad" and we could not react too negatively: the decade of the 60s still admitted the love for Utopia, and we must point out that many other Cuban important writers that fell in the same trap as Lezama were in jail for long periods of time and are at present in exile.

40 Homage that the *Casa de las Américas* magazine paid to "Che" Guevara in 1968, where the short article by Lezama appears, entitled "Ernesto Guevara, Commander of Ours").

must have deeply hurt the sensitivity of the Poet, the Dreamer and the Believer of the Aurora.

Lezama became aware of the real reality surrounding him in Cuba when his extraordinary novel *Paradiso* was published. The appearance of this work created an immediate confrontation with the Cuban totalitarian regime. In the algid polemic that followed several official functionaries of the Castro-Stalinist apparatus attacked the novel with vitriolic zeal. So, from the perspective of the Government imposed culture the criticism reached such dimensions that the novel was withdrawn from all the bookstores.

Furthermore, Lezama, as Juror in 1968 of the literary Prize Julián del Casal, offered by the UNEAC (National Union of Cuban Writers and Artists), together with two other Cuban writers, Manuel Díaz Martínez and José Z. Tallet, the Peruvian César Calvo and the British J. M. Cohen acting as the other Jurors, gave the Prize to the book of poems *Fuera del juego* (Outside the Game) by Heberto Padilla.

Immediately, Damocles' Sword fell on the Jurors, and their decision further prepared the repressive concoction against Padilla that the Castro Government was weaving around the poet and his wife at that time, Belkis Cuza Malé. This punitive atmosphere reached a peak with the imprisoning of Padilla, his public "repentance" (imposed by the Stalinist State Security) and the first big rupture of Latin American intellectuals with the Cuban Revolution (all these happenings occurring in 1971). It is evident that since this historic moment of the Cuban culture everything started to be questioned. Many important writers became "useful fools" of the Cuban Government, some others turned to be wretched opportunists, and some others, at different moments of their trajectories, took a clear and definitive move away from the regime.

Insilio (Internal Exile) and Tearing Away in Lezama Lima

Was José Lezama Lima, during his life, really respected in Cuba? Was he valued in his true dimension and for the feat of becoming a

figure of worldwide importance? No, he was not admired as a great poet and formidable novelist nor was he estimated in his essential creative possibilities by the majority of the citizenship nor by a great number of the Cuban intellectuals. Although at the beginning of the Castro revolution he was apparently accepted by the regime, later he fell in disgrace. We must remember the Padilla case and Lezama's support of the

politically marked poet. We must remember the fact that having written a novel like *Paradiso* he was accused by the Government of a "non revolutionary" posture. We must remember that his poetry, his narrative and his essays were labeled as hermetic and, therefore, practically rejected for their supposed inconsequential attitude in relation to the colloquial dicta of Socialist Realism. We must remember that because of his total rejection of populism he missed being labeled as a true revolutionary intellectual. I repeat that he was not respected nor valued, because by differing from the diaphanous, easy and comprehensible way of writing and communicating, exhibited by the great majority of the writers during the years of the Republic and later, during Castro's time, by not adapting to the ideological and political directives of the Communist regime, he was simply classified as a "chattering gadget" that should be eliminated from the revolutionary context.

Simply, Lezama became a contaminated person that was to be stigmatized and separated from the country's dynamics. It was an unadorned way to do without the vital reasoning of the human being, in this case his creations, which is to say his life. The idea was to overlook his thought and his word, condemning him to a death while alive and to a strict internal ostracism. This is what *insilio* is all about: a practical way to isolate intellectuals inside their own country. The notion of creating a culprit status for a writer or an artist, and the desire to assassinate the soul of the dissident because he or she underlines the condition of being marginalized inside the Island from an ontological perspective, are machiavellian touches to make more painful and effective the torture of the forsaken.

José Lezama Lima in the time of *Paradiso*.

All of this produced in Lezama a profound ripping. To know and feel that he was left behind, separated, ignored even within his own context, was to feel despised, and such a feeling produces great pain and suffering. The *insilio* is the intent by the political power in charge to condemn the marked one to the status of "not being"; simply, it is an effective way to obtain the death of the soul –another fable of the Being and Nothingness, like a tear for something that is unjust. This is a terrible feeling indeed: it is the pathetic ("pain, sadness, melancholia") taken to the extreme of the grotesque ("to the ridiculous and to the extravagant, to the irregular, vulgar and of bad taste")

All of the above, slowly but deeply, creates, from a psychological point of view, an atmosphere that intentionally destroys the soul. Such an atmosphere breaks the inner structure of the being and induces the subject to enter pacifically into the realm of death within life. One of the worst things a person can experience is the feeling of having been branded as a danger to society. That a socio-political regime institutes the death of the ego of a human being is a bastardly and despicable action! However, such an action transforms itself into a permanent historical stain for the dictatorship that imposes it.

Lezama died a final total death in 1976, leaving behind and alive, confused versions of how his last moments were taken care of by the proper authorities.[41]

---

41 According to Lezama's sister Eloísa, who received in Miami the news of Lezama's admission into the hospital at 11:00 am on Sunday, the writer was not properly attended to: "At the Calixto García Hospital he did not see any pulmonary specialist because on weekends there was not effective medical assistance, and thus, he died really unattended. After he passed away, I spoke with Cintio Vitier who told me: 'You are wrong. All of Cuba weeps.' I was angry because my brother died without receiving proper care. His health was poor. He smoked a lot. That was part of why he died. But with the correct attention he could have lived much longer." See Ernesto Hernández Busto: "The Death of José

The Premonitory Escape of Aurelio De La Vega

In relation to De La Vega, who politically was much more aware than Lezama, we can state that from the first moments of Castro's takeover, he foresaw very quickly what was to come. During his brief stay in Cuba, from mid February to early June of 1969, he had the clarity to see that on one hand there was the false exultation of mythical heroes, while on the other there were bogus trials, violent conquests, executions and imprisonments. From that clear context arose the distrust that produced illumination, creating an anticipated vision most needed in those convulsed times in which many wanted a change in Cuba based on a democratic bourgeois revolution, with a sound development of an economy based on Cuban ownership, with no foreign intervention, mainly through inversions of the Americans and the Europeans.

His imaginative projection was also the free creation of a promise land.
Los Angeles, July 2002. Photo: Donna Coleman.

Lezama Lima (Notes from an amateur biographer)". Look for it in this electronic link: http://www.penultimosdias.com/2007/08/09/la-muerte-de-jose-lezama-lima-notas-de-un-biografo-afi cionado/.

Politically, De La Vega had a transparent vision of the future. In his exile he had tasted the liberty of creation coupled with the luxury of excellent interpreters and a secure University position free of political oppression. In the decade of the 60s De La Vega started to deal with electronic media, aleatoric procedures and graphic scoring, which took him to use open musical configurations. He could not have enjoyed any of this in the Cuba of the moment. Already in his home in America he created in his *Structures* for piano and string quartet (1962) —a commission of the Coolidge Foundation of the Library of Congress— a work in which "he utilized serialism in three of its movements and improvised structures in two of them".[42] New works of those years are: *Vectors*, for electronic tape (1963), *Segments*, for violin and piano (1964), *Variants*, for piano (1964) and *Interpolation*, for clarinet with or without electronic pre-recorded sounds (1965). Regarding these times of De La Vega's creativity the Cuban musicologist Radamés Giro has said:

> The instrumental resources required for these works include microtonal vibrato for the violin, clusters and diverse ways of manipulation of the strings of the piano harp and use of the clarinet keys as a percussive sonorous source. Besides, *Interpolation* calls for different positions of the lips on the embouchure of the clarinet, blowing a given note without producing a tone, letting air escape, and even using a clarinet *sordina* (mute) specially invented by the composer. Interestingly, this is one of De La Vega's works that have received innumerable accolades and internationally widespread playing. In reality,

---

42 Radamés Giro: *Enciclopedic Dictionary of the Music in Cuba*, La Habana, Editorial Letras Cubanas, 2004.

it is a remarkable work full of expressive colors and structural organization. *Tangents*, 1973, for violin and pre-recorded electronic sounds, and *Para-tangents*, 1973, for trumpet and pre-recorded electronic sounds, are two virtuoso works which use the same electronic sounds but play different musical discourses. Also, in these two pieces, the composer fully explores the timbres and expressive possibilities of the solo instruments, in an intense dialogue with the electronic sounds.[43]

It is rewarding and most interesting to find such a wonderful evaluation of the music of Aurelio De La Vega written by a Cuban musicologist residing in the Island, penned in 2004, and concocted without any political focusing. This way, Radamés Giro proposes a recuperation of the figure of our composer without any ideological impediment –which is the way it should be. Giro knows that beyond differences in ideas and in partisanship, literature and art, specifically music, exist beyond any political leanings, mainly when one is talking about the music of Aurelio De La Vega, which has a high expressive value, a remarkable sonorous quality and an international recognition. Al of this underlines the fact that it is about time that the figure of De La Vega really occupies the high place it deserves in Cuban musical historiography.

In fact, we should complete the valorization that Giro does of De La Vega by citing another fragment of his writing that resumes well the explicit intention of the musicologist to rightly appraise what should have never been ignored. Next what Giro says:

---

43 Radamés Giro, *idem*.

Aurelio De La Vega's aesthetic evolution goes from the influence of Alban Berg to the avant-garde music, but his flexible though defined personality, his need of his own expression, characterized by a profound concept of his personal creative labor, conduce him to a free use of the resources and materials he employs in his compositions.[44]

Giro's complete evaluation of De La Vega's music is extremely professional, and his positive criticism of the composer's works is framed by excellent axiomatic terms. So, one may ask, why are the pieces of this important Cuban composer minimally played in Cuba after he left for the United States? The only answer possible is the censorship of a creator that never communed with the political system implanted in the nation since 1959, and who was always, culturally and ideologically, a true iconoclast.

From the middle of 1959 on, already installed in California, De La Vega is going to enter into his most intense and creative years. It is the time when the composer starts his most complex musical era. Aleatoric procedures appear, together with extended instrumental techniques, and there are movements in the pieces which act like musical Calder mobile structures, where the order of the pages in a work can be modified. Together with all of this, electronic sounds interexchanging with *musique concrète*[45] elements, mixture of music and art (graphic scores of the 1970's), strict serialism (*Structures*, 1962; *Exametron*, 1965), and abandonment of serialism (*Intrata*,

---

44 *Idem.*

45 *Musique concrète* (concrete music) is a term invented in France by Pierre Schaeffer and his colleagues to denote recording procedures using environmental sounds, or sounds resulting from hitting any type of surface (furniture, tables, ceramic objects, metal closets, crystal vases, etc.).

1972; *Septicilium*,1974) appear. The middle and late 70s see the constant employment of free use of the 12-tone procedures, where the twelve notes within an octave undergo continuous permutations creating non-repetitive melodies. All these practices are expressed employing an ultra-virtuosic instrumental and vocal delivery.[46] After 1995, De La Vega becomes preoccupied in how to really re-connect with the music loving people without recurring to past vocabularies, without cheapening his music and without totally watering down his sonorous palette. His first work under the new guidelines is his *Canciones Transparentes* ("Transparent Songs") of 1995. The most recent work of the composer framed by this idea of communication is *Recordatio* of 2011, his third Latin Grammy nomination, and a commission of North/South Consonance, New York.

Estrangement and Redemption

De La Vega, like any emigrant, felt (and even today feels) the big turnabout that his life suffered when he had to abandon his motherland. There is a moment when one yearns for one's previous life, because many intimate experiences have been left behind. Often for this reason we cannot fully accept the departure. What is therefore the dimension of the suffering our soul goes through after the initial trauma? What is in reality the true feeling where to be and to exist define themselves?

---

46 DLV: "I want to clarify something in relation to dodecaphonism and serial music. Independently from the fact that the first, and later integral serialism, fulfilled a historical role in the history of XX century music, I think that these ways of composing opened the possibility of a much more universal vision within the realm of art music, permitting the emergence of new forms of creation and unheard of different sound conglomerates. For this reason, I believe in the transcendency of dodecaphonism, even when a long time aft er its invention by Schoenberg it diluted itself into other musical variants."

In reality we adapt, but only that: "adapt". Essentially, we are left with a sour taste in the mouth knowing that we abandoned many of our dearest things —from traditions to physical objects— that, with the passing of time, become either blurred or more intense than ever. An ontological question then surfaces: who are we? Suddenly we do not know how to answer, because, really, we do not know. It is like a vacuum in one's life that one wants to fill; then comes nostalgia, the memories, the dreams that continue to envelop and transform us into a foreign and strange identity, something that we eventually become but which, at the same time, we stop to be.

All of this must have been felt by Aurelio De la Vega. And, today, he still feels it. Even when we are citizens of the United States, and many years have passed living in the best of lands, levelling all possible adaptations, the existential emptiness we feel is most present. However, among the life resources we have that combat the many resulting negative moods, is the hope of being someone far above any disavowing circumstance. To this end, the sense of liberty plays a most powerful function. Hope and liberty, definitively, rescue us from nothingness, stopping the fall. It is a context of opportunities and human values that possible deliverance offers us. So we can understand that further away from an existential confusion, De La Vega finally becomes a universal being, someone that, above all things, belongs to the world; a being who, without losing his individuality, possesses a history and a creative cosmovision which represents and situates him in the just time of his own humanity.

Recognition

I did not have the privilege of meeting Lezama Lima personally. During the decades of the 60' and 70s I was having the preoccupations derived from studying and from finding a job to subsist. Even when I was not too young any more, I accepted being happy by only paying attention to the amazements produced by the news of the literary *boom* that was occurring in the narrative of Latin America. The only other great commotion was the disillusionment caused by the sorrow of witnessing the condemnations and anathemas hurled at any writer or artist who dissented from any official dictum. Besides, my literary vision was still very timid and not capable, at that time, to look for a more ample panorama or to personally approach the great literary figures.

Many times, while passing in front of the Casa de las Américas (House of the Americas), I asked myself if I could work there some day. I do not deny the fact that at that time I felt a great attraction for the group of intellectuals, artists and writers that toiled at that institution. I did not have an idea that a few years later I would belong to the group of investigators who worked at the Centro de Investigaciones Literarias (Center for Literary Investigations), known as CIL. But at that time Lezama had already died, and only his books and a great sense of mystery surrounding his legendary figure remained with me.

Today I can affirm that José Lezama Lima, thanks to the extraordinary value of his works and to the passing of time (a happening taking toll in his favor) presently occupies one of the highest places in Cuban literature, as well as inside the literary culture of Hispanoamérica and of the world. We feel immense respect for his work and for his figure as an intellectual who invariably was above intrigues and conspiracies, and one who has left us the venerable image of Maestro with a universal worth.

Regarding composer Aurelio De La Vega I can say that, fortunately, I have known him personally for more than two decades. Interestingly, while I was still in Cuba, I heard De La Vega's name mentioned sporadically in subdued and almost secret conversations. As an eavesdropper, I listened to the parley about De La Vega that, invariably, revolved around the absurdity of the censorship imposed on the works of the composer by the Cuban authorities.

Since we met —as I have already related in the Prologue— we have maintained a good friendship, underlined by my measureless admiration for his rich and profound musical works. In October of 2016 De La Vega introduced me to an audience which was witnessing the presentation of my last published book, *Las vibraciones de la luz. Ficciones divinas y profanas. Intuiciones II* (The Vibrations of the Light. Divine and Profane Fictions. Intuitions II) in the Public Library of East Los Angeles.

The idea of this literary and artistic parallel between José Lezama Lima and Aurelio De La Vega arose in the middle of a conversation between Maestro De La Vega and myself, when we spoke about the immense creativity that was always subjacent in Cuba, even when confronting the vicissitudes that Cubans have been suffering for years, and how Lezama, after the publication of *Paradiso* in 1966, started to have all kinds of problems with the Communist-Stalinist regime installed in Cuba since 1959. Then I realized how little the critics and musicologists of the Island knew about Aurelio De La Vega. Also, I confronted the fact that no study had ever been made comparing these two great creators. Writing in a comparative manner about these two great figures of Cuban culture, José Lezama Lima and Aurelio De La Vega , became a pleasure and an obligation.

Definitively, government, economic systems, socio-political structures, and even ideo-aesthetic movements pass, but the great artistic and literary works remain immobile and alive. In time, new valuations and investigations will recuperate for the great creators the real place of honor they deserve. One could think that everything possible has been said about Lezama Lima, but I am sure, given the inexhaustible values of his work, that new angles of qualitative analysis will be discovered in the future. As what pertains to De La Vega, new musicological and critical studies of his work will definitively situate him in the prominent place he must occupy in the annals of Cuban classical music.

All I have said about José Lezama Lima I could say about Aurelio De La Vega, who still accompanies us, enjoying numerous international auditions of his works and attending events in his honor where all sorts of deserving homages are paid to him as the great creator he is. The composer of *Recordatio* ("Remembrances"), still lives with great lucidity, dedicated to celebrate and enjoy the many fruits of his extraordinary harvest.

To these works we must add his two great symphonic works, *Intrata* (1972), commissioned by the Los Angeles Philharmonic Orchestra, and *Adiós* (Farewell) (1977), commissioned by Zubin Mehta.

Also, a long list of articles and innumerable essays on contemporary music, electronic music and the music of the Americas, as well as studies on the pictorial art of Latin America, must be attached as a corollary. This material has been published in the United States, Canada, Mexico, Brazil, Argentina, Spain and Puerto Rico.

Correspondence with countless fellow composers, conductors, instrumentalists, singers, painters, writers and philosophers from the United States, Mexico, Latin America, Europe, India, Japan and Israel also add to the legacy of De La Vega.

Postludium

Any of the above listed works of De La Vega encounters an echo in the poems of Lezama; any of the pages of *Oppiano Licario* finds a niche in the *Intrata* of De La Vega. The secretiveness of the poem "Un puente, un Gran Puente" (A bridge, a Great Bridge) (Lezama) finds concordance with the sinuosities of *Septicilium* (De La Vega), and the orgiastic moments of *Paradiso* (Lezama) will always parallel the explosive sonorities of *Adiós* (De La Vega).

Thus, this investigation into what is common between these two notable creators, the writer José Lezama Lima and the composer Aurelio De La Vega, could shed some light. We found the equality of their creativity, the difference of their biographies but, above all, we discovered the integrity of the inventiveness in them both: when faced with diverse obstacles which encompassed aesthetic fights and dramatic socio-political changes they never deviated from their artistic convictions. Dead or alive, they have by now found an answer to those famed questions "Who am I?", or "Who are we?", the resulting responses placing them in the lofty location they deserve to have in the canons of Cuban and World cultures.

José Lezama Lima on the Paseo del Prado in Havana.

Aurelio De La Vega in his living room in Havana, 1945.
In the background a painting by Mario Carreño,
and a ceramic vase by Amelia Peláez.

ANNEXUS I

Published Works of José Lezama Lima[1]

Complete Works

José Lezama Lima. *Obras Completas,* Tomos I and II, Edición de Cintio Vitier, México, Aguilar, 1975

Poetry

Muerte de Narciso ("Narcissus' Death"), Havana, Úcar, 1937.

Enemigo rumor ("Enemy Rumor"), Havana, Úcar, 1941.

Aventuras sigilosas ("Secretive Adventures"). Havana, Ediciones Orígenes, 1945.

La fijeza ("The Fixedness"), Havana, Ediciones Orígenes, 1949.

Dador ("Giver"), Havana, Úcar, 1960.

Fragmentos a su imán ("Fragments to his Iman"), Havana, Editorial Arte y Literatura, 1977.

Novels and Short Stories

Paradiso ("Paradise"), Havana, Ediciones Unión, 1966.

Oppiano Licario, Havana, Editorial Arte y Literatura, 1977.

Cangrejos, golondrinas ("Crabs, Swallows"), Havana, Letras Cubanas, 1987.

Cuentos ("Short Stories"), Havana, Letras Cubanas, 1987.

---

1 Lezama's bibliography appearing here was compiled by Javier Fornieles Ten. For reasons of space, neither the content of the books nor the subsequent editions of the works made in Cuba and abroad are listed. Only the *Obras completas* ("Complete Works") (Tomes I and II), edited by Cintio Vitier and published in Mexico by Aguilar in 1975, are included. Given the historical importance that it has, Lezama's correspondence with diverse addresses is incorporated.

Essays

Coloquio con Juan Ramón Jiménez ("Colloquy with Juan Ramón Jiménez"), Havana, Publications of the Education Ministry, 1938. Re-edited by Cintio Vitier (ed.), *Juan Ramón Jiménez en Cuba* ("Juan Ramón Jiménez in Cuba"), Havana, Editorial Arte y Literatura, 1981.

Arístides Fernández, Havana, Publications of the Education Ministry, 1950.

Analecta del reloj ("Clock Analects"), Havana, Ediciones Orígenes, 1953.

La expresión americana ("The American Hemisphere Expression"), Havana, National Institute of Culture, 1957.

Tratados de La Habana ("Treaties of Havana"), Santa Clara, Las Villas Central University, 1958.

La cantidad hechizada ("The Bewitched Quantity"), Havana, UNEAC (National Union of Cuban Writers and Artists), Contemporaries Section, 1970.

Antología de la poesía cubana ("Anthology of Cuban Poetry"), Selection, edition and preliminary study by José Lezama Lima, Havana, Consejo Nacional de Cultura (National Council of Culture), 3 volumes, 1965.

Correspondence

Cartas ("Letters") (1939-1976), Madrid, Orígenes Editorial, Edition of Eloísa Lezama Lima, 1979.

Cartas a Eloísa y otra correspondencia ("Letters to Eloísa and other Correspondence"), Madrid, Editorial *Verbum*, 1998.

Correspondencia con María Zambrano. Correspondencia entre María Zambrano y María Luisa Bautista ("Correspondence between María Zambrano and María Luisa Bautista"), Javier Fornieles Ten Edition, Sevilla, Renacimiento Editorial, 1966.

Correspondencia Americana. Juan Ramón Jiménez y José Lezama Lima, relaciones literarias y epistolario ("American Hemisphere

Correspondence. Juan Ramón Jiménez and José Lezama Lima,
Literary Relations and Epistolary"), Javier Fornieles Ten Edition,
Sevilla, Espuela de Plata Editorial, 2009.

José Rodríguez Feo: *Mi correspondencia con Lezama Lima* ("My
Correspondence with Lezama Lima"), *Havana, Ediciones Unión,
1989.*

Principal Works of Aurelio De La Vega
Written in the United States[2]

Sinfonía en Cuatro Partes ("Symphony in Four Parts)" (1960), for
orchestra. Work commissioned by Inocente Palacios for the First
Interamerican Music Festival, Washington, D. C. Dodecaphonic
composition.

Structures ("Estructuras") (1962), for piano and string quartet. Work
commissioned by the Coolidge Foundation of the Library of
Congress. Dodecaphonic work.

Exametron (1965), for flute, cello and four percussionists.
Dodecaphonic work.

Exospheres ("Exosferas") (1966), for oboe and piano. Work
commissioned by oboist John Ellis. Dodecaphonic work of
variable structure.

Antinomies ("Antinomias") (1969), for piano. First non serial work
of De La Vega written in the United States. Free use of groups
of twelve notes that are never repeated in the same order. All
subsequent works of the composer are based in this system until
reaching *Canciones transparentes* of 1995, which exhibit again
tonal centers.

Labdanum (1970), for flute, viola and piano.

Tangents ("Tangentes") (1973), for violin and electronic sounds.

Para-Tangents ("Para-Tangentes") (1973), for trumpet and electronic

---

2 These data, and the previous ones of his bibliographical list, as well as other
specific ones of his life and work that are in the texts, I obtained them in
conversations and review work with Aurelio De La Vega.

sounds. As an experiment with good results, De La Vega used the same band of electronic sounds in *Tangents* and *Para-Tangents*, while the instrumental context (violin, trumpet) in each piece exhibits a totally different material. *Para-Tangents* was commissioned by trumpetist Thomas Stevens.

Septicilium (1974), for clarinet and six instruments. Work commissioned by the Festival of Contemporary Music of the University of California at Los Angeles, 1974.

Olep ed Arudamot (1974).

The Infinite Square ("El cuadrado infinito") (1975).

Andamar-Ramadna (1975).

The Magic Labyrinth ("El laberinto mágico") (1975).

Astralis (1977).

Nones (1977).

Corde (1977). These seven works are the ones called the "graphic scores" of De La Vega . They can be played using any number of instruments and/or voices, and can also be framed and hung on the wall as works of art. The four first works were commissioned by sculptor Gloria Morris and the three last ones by physician Francisco Lequerica.

Inflorescencial ("Inflorescence") (1976), for soprano, bass clarinet and electronic sounds, on a poem by the composer

Undici colori (" Eleven Colors") (1981), for bassoon , with or without projection of eleven *collages* by De La Vega . Work commissioned by bassoonist Donald Christlieb.

Galandiacoa (1982), for clarinet and guitar. Work commissioned by clarinetist Julian Spear.

Asonante ("Assonant") (1985), for soprano, seven instruments, one or more dancers and electronic sounds, on a poem by the composer. Work commissioned by the University of California, San Diego, in honor of composer Ernst Krenek.

Memorial de la ausencia ("Memorial of the Absence") (1986), for solo cello. Work commissioned by Brazilian maecenas Andreu dos Santos.

Adramante (1985), for soprano and piano, on a poem by Octavio Armand. Work commissioned by soprano Julia Le Riverand.

Magias e invenciones ("Magics and Inventions") (1986), cycle of five songs for soprano and piano, on poems by Gastón Baquero. Work commissioned by the Society of Concerts of Zaragoza, Spain.

Homenagem. In Memoriam Heitor Villa-Lobos (1987), for piano. Work commissioned by pianist Eduardo Martins.

Tropimapal (1988), for nine instruments. Work commissioned by the American Chamber Orchestra, Los Angeles.

Testimonial (1990), for feminine voice and five instruments, on poems by Armando Valladares. Work commissioned by Encounters of Contemporary Music, Buenos Aires, Argentina.

Variación del recuerdo, versión II ("Variation of the Remembrance, version II") (1990), for two sopranos, six voices, clarinet, vibraphone, and marimba on a text by the composer. Work commissioned by the Moldenhauer Foundation of the Library of Congress.

Madrigales de entonces ("Madrigals from Another Time") (1991), for *a capella* choir, on poems by Heberto Padilla. Work commissioned by John Alexander.

Bifloreo (1992), for guitar. Work commissioned by guitarist Anton Machleder.

Canciones transparentes ("Transparent Songs") (1995), for soprano, clarinet, cello and piano, on poems by José Martí. Work commissioned by Florida International University, Miami, to commemorate the centennial of the death of Martí. With this work De La Vega returns to the use of tonal centers, linked in an unorthodox manner.

Recordatio (2011), for soprano, woodwind quintet and string quintet, on a poem by Emilio Ballagas. Work commissioned by North/ South Consonance, New York.

ANNEXUS II

Intrata, a Historical Astonishment
at Havana National Theater

At the surprise of many, when it appeared that the 2012 partial suspension of the censorship that had been imposed on De La Vega's music in Cuba was accepted as a mere simple possibility, without any real defrosting of this exile iconic figure of Cuban classical music, in the *Granma* newspaper (Thursday, August 9, 2018, number 189, single Havana edition), surprisingly, appeared an article by newspaperman and music reviewer Pedro De La Hoz titled "*The avant-garde and the Palm*". In it, the writer extolls the historical good judgement of two Cuban first performances: "one worldwide, the Symphony No. 1 *La Palma Real* [of the Cuban composer Yalil Guerra, a resident of Los Angeles], and the other the premiere in the Island of Aurelio De La Vega's *Intrata*".

That the Cuban government authorized the playing in Havana of one of the most important works of Maestro De La Vega, and that this local first performance was followed by a favorable review of the music of our composer, published in the newspaper *Granma* (official organ of the Central Committee of the Cuban Communist Party), was indeed a magnificent historical marvel. Given the importance of this happening it is imperative that we recognize its significance, and applaud its surprisingly positive repercussions. It is fair to affirm that in this case, culture, and particularly classical music, triumphed over ideological and political barriers.

To this respect, we cite now some laudatory fragments from Pedro De La Hoz article, which shows the respect and objectivity that he exhibits in the evaluation of Maestro De La Vega's music:

> De La Vega is one of the most genuine and solid representatives of the Cuban concert music *avant-garde*, of which he was a precursor, assimilating, even from the 1950s on, the atonality and dodecaphonism in works like his *Elegía* (Elegy) (1954) or his String Quartet in Five Movements (1957), dedicated to the memory of Alban Berg.

Later, he specifies:

> *Intrata* (...) seduces by the constructive solidity with which it unfolds in a most audacious way, exhibiting timbrical explorations and rhythmic contrasts of genuine **permanency**.
>
> Still, it is our obligation to promote the complete repertory of Aurelio De La Vega, who occupies, by his own right, the summit of Cuban contemporary classical music, at the same height as Harold Gramatges, Juan Blanco, Carlos Fariñas and Leo Brower.

These phrases are sufficient to understand the importance and transcendency of this first performance of *Intrata* in Cuba. Let us hope that this official open door to the music of Aurelio De La Vega will not be closed again. Such a happening would be extremely sad for Cuba and its culture, so let us fervently believe that a new switch-like abhorrent turn-around will never ever happen again.

Courtesy of Anne Marie Ketchum De La Vega.
Aurelio shows the album *Cuba: The Legacy*, which contains his
Intrata, along with *La palma real*, by Yalil Guerra. Both
works played surprisingly in Havana by the
National Symphony Orchestra of Cuba.
Conductor: Enrique Pérez Mesa.
The CD was produced by
RYCY (Granada Hills,
California, 2019).

The author, Manuel Gayol Mecías.

Author's data

Manuel Gayol Mecías. Poet, narrator, essayist, critic, literary researcher and Cuban journalist. He was an investigator at the Center for Literary Research of the House of the Americas, in Havana. He has won important literary awards in Cuba and the USA. He has worked as a jury of narrative and essays contests in Cuba and the United States. He worked for almost 18 years in the newspaper *La Opinión,* in Los Angeles, as a Copy Editor and Editor. He has pulished numerous books, among which are *Regocijo del criterio* ("Rejoicing of the Criterion", Criticism/Essays), *1959. Cuba, el ser diverso y la Isla imaginada* ("1959. Cuba, the Diverse Being and the Imagined Island", Essays), *La penumbra de Dios* ("The Gloom of God", Essays), *Ojos de Godo rojo* ("Red Godo Eyes", Novel), *Marja y el ojo del Hacedor* ("Marja and the Eye of the Maker", Novel), *La noche del Gran Godo* ("The Night of the Great Godo", Short Stories), and *Los artificios del fuego* ("The Artifices of Fire", Short Stories). He is a member of the Pen Club of Cuban Writers in the Exile and of the Academy of History of Cuba in the Exile, President of its California branch. He is also Vice-President of the Vista Larga Foundation and director of the magazine *Palabra Abierta* ("Open Word") (www.palabrabierta.com) and its namesake publisher. His e-mail is: mu.gayol3@gmail.com.

Made in the USA
Columbia, SC
27 April 2021